本成果受到中国人民大学2021年度"中央高校建设世界一流大学（学科）和特色发展引导专项资金"支持

再平衡下的世界经济：从增长到分化

赵 勇 著

中国商务出版社
CHINA COMMERCE AND TRADE PRESS

图书在版编目（CIP）数据

再平衡下的世界经济：从增长到分化 / 赵勇著 . --
北京：中国商务出版社，2021.5（2023.1重印）
ISBN 978-7-5103-3787-1

Ⅰ . ①再… Ⅱ . ①赵… Ⅲ . ①世界经济－研究 Ⅳ .
① F11

中国版本图书馆 CIP 数据核字 (2021) 第 074042 号

再平衡下的世界经济：从增长到分化
ZAIPINGHENG XIADE SHIJIE JINGJI: CONG ZENGZHANG DAO FENHUA

赵　勇　著

出　　　版：中国商务出版社	
地　　　址：北京市东城区安定门外大街东后巷 28 号　　邮　编：100710	
责任部门：数字出版部（010-64243016）	
责任编辑：汪　沁	
总 发 行：中国商务出版社发行部（010-64515150）	
排　　　版：德州华朔广告有限公司	
印　　　刷：三河市明华印务有限公司	
开　　　本：710 毫米 × 1000 毫米　1/16	
印　　　张：10.75	字　数：200 千字
版　　　次：2021 年 5 月第 1 版	印　次：2023 年 1 月第 2 次印刷
书　　　号：ISBN 978-7-5103-3787-1	
定　　　价：79.00 元	

目　录

第一章　绪　论

1

一、研究背景

在开放条件下，维持国际收支的平衡是各国政府力求实现的宏观经济政策目标之一。但在现实世界中，经济的失衡却是伴随一国经济发展的主流特征。就世界经济而言，进入20世纪80年代以后，以美国为代表的发达国家开始出现大规模的经常项目账户赤字，而以中国为代表的东亚国家外部经常账户项目却呈现大规模的贸易顺差。这一特征在进入21世纪以后进一步得到了强化，世界经济失衡格局逐渐形成。世界经济的失衡一直持续到2008-2009年美国金融危机发生之前。在2006年，美国经常账户赤字占国内生产总值的比重为6.2%，达到历史顶点。伴随着金融危机的发生，美国的对外失衡开始逐渐向平衡方向调整，对外贸易赤字无论绝对规模还是占国内生产总值的比重都有所减少，世界经济进入再平衡调整时期。

就世界经济再平衡调整的原因而言，再平衡调整既有房地产市场泡沫破灭后经济失衡的自发纠偏，也有美国政府再平衡政策的主动推动。如果说市场的自发调整对应着之前经济失衡风险的被动释放，那么政府政策的主动调整则意味着美国政府对之前经济增长方式的反思，以及对于原有世界经济分工格局下美国经济收益的再评估。从这个意义上讲，金融危机后美国政府对再平衡的关注不但反映了开放条件下宏观经济政策目标的基本要求，也是中心国家实现经济增长方式转变、谋求新的国家经济利益的重要政策选择。至于美国经济再平衡调整的路径，从现实实践来看，奥巴马政府更多的立足于国内经济政策，企图通过制造业部门的重振来实现国内产品对进口产品的替代，以实现经济失衡的调整。

特朗普政府则更多地诉诸对外贸易政策，企图通过激烈的贸易政策冲突将失衡调整的责任推向以中国为代表的发展中国家。应该看到的是，尽管奥巴马政府和特朗普政府推进失衡调整的手段存在差异，但目标指向都在于再平衡调整过程中，对本国利益的优先强调。

在本质上来说，无论是金融危机之前的世界经济失衡，还是金融危机后世界经济的再平衡，反映的都是世界经济分工中不同国家比较优势以及经济分工角色的差异。在世界经济从失衡到再平衡的转换中，对应的也都是世界经济不同国家之间在利益实现和利益分配上的博弈和角力。只不过在世界经济失衡时期，失衡的形成更多是不同国家发展阶段和要素禀赋存在差异的自然反应，对应着相对更高的世界经济增长收益。而在世界经济的再平衡时期，原有的世界经济增长逻辑遭到质疑，新的增长机制又未能完全建立，在世界经济红利创造不足的情况下，世界不同国家更多地在进行利益分配的努力。与之相对应，相较于世界经济失衡时期世界经济的高速增长，伴随着世界经济的再平衡调整，世界经济出现了更为明显的增长分化特征。世界经济增长的分化除了体现为不同国家经济增长状况的差异之外，还体现为不同国家由温和到激烈的对外贸易政策冲突。

因此，在这样的背景下，本书在探讨世界经济失衡时期世界经济增长模式的基础上，主要针对世界经济再平衡过程中世界经济的运行特征进行考察，并对世界经济发展的未来方向进行讨论。具体分析时，我们尝试就如下的几个问题进行回答。

1. 世界经济失衡时期的经济高速增长与经济失衡之间是否存在逻辑上的必然联系？经济利益在不同国家之间的分配状况又是哪样？

2. 在经济再平衡调整过程中，中心国家国内的经济结构出现了哪些变化？世界经济的整体运行又有哪些显著特征？

3. 金融危机后中心国家的经济全球化意愿是否发生了变化？这种变

化与世界经济增长之间是否存在着某种联系？

4. 中心国家挑起贸易摩擦的深层原因是什么？其真实的意图又是怎样？

5. 世界经济格局是否会因为贸易冲突的存在而有所调整？不同国家之间的相互依存又呈现哪些特征？

6. 世界经济在未来一段时期会出现什么样的变化？应对的政策建议又有哪些？

二、研究框架

为了针对以上问题进行回答，本书内容以如下几个章节展开。

第二章"贸易失衡与经济增长"聚焦于2008-2009年美国金融危机发生之前的世界经济，重点是在对有关世界经济失衡的典型事实梳理的基础上，围绕世界经济失衡时期中心国家的分工角色，以及世界经济的利益实现机制和利益分配机制进行讨论。

第三章"再平衡下的美国经济和世界经济"关注美国金融危机之后经济再平衡调整过程中美国国内经济结构以及贸易平衡结构的变化。并在此基础上，进一步针对再平衡调整过程中世界经济的整体运行状况进行分析。

第四章"世界经济停滞与中心国家全球化意愿逆转"从经济全球化的视角切入，在围绕世界经济的增长动力进行分析的基础上，重点就世界经济增长红利与中心国家经济全球化意愿之间的关系展开讨论，并结合调研数据，给出中心国家经济全球化意愿逆转的一些证据。

第五章"理解经济再平衡：本质与趋势"聚焦于经济失衡，在澄清有关经济失衡的一些认知误区的同时，重点剖析美国政府再平衡政策的真正意图。

第六章"世界经济格局的调整：基于相互依存视角"从经济相互依存的"敏感性"和"脆弱性"出发，就世界经济的相互依存特征在宏观贸易、微观贸易以及金融层面进行了考察，在就经济的相互依存关系进行分析的同时，也为未来世界经济格局的判断提供依据。

第七章是展望与政策建议部分，主要是就未来世界经济的发展特征进行预判的基础上，站在中国的立场提出相应的政策建议。

三、研究发现

本书的主要观点如下。

第一，世界经济失衡既是不同国家国际分工地位和比较优势存在差异的外在表现，也是经济协同增长的桥梁和共同纽带，为世界经济利益的共同创造和实现提供了保障。作为贸易赤字国的美国不再是全球工业商品的生产者，而是凭借美元霸权和强大的国内金融市场，通过掌控全球资本的流向，成为全球资本要素的配给者，充当全球的金融中心。而顺差端的中国则充当了20世纪40年代到70年代之间美国在全球经济分工中的角色，成为全球工业商品的供给者，并与美国一起成为世界经济分工中的关键力量。

第二，美国国内经济结构的调整是世界经济失衡的逻辑起点，而经济失衡则是美国国内经济结构调整的结果。在世界经济失衡时期，虽然有利益共赢的内在机制，但"中心—外围"格局的不对等特征才是世界经济分工的主要特点。外围国家在商品层面和资本层面对于中心国家的"双补贴"以及金融危机成本的共同承担都是非对称的利益分配格局的外在体现。

第三，在经济再平衡调整过程中，美国国内经济在保留了经济失衡时期经济增长的典型特征之外，在经济结构以及贸易平衡结构上也出现了一定程度的微调。这种微调在贸易平衡层面体现为"中国元素"重要性的提升，在国内经济结构层面则体现出一定的"逆全球化"倾向。伴随着经济的再平衡调整，不但国内商品消费对进口商品消费出现了一定程度的替代，对外直接投资也在不断向国内投资转换。

第四，在世界经济再平衡调整中，虽然并没有明显的证据表明世界经济会陷入增长的长期停滞，但当前世界经济增长的乏力也是基本的事实，而经济全球化红利空间的减少是世界经济增长放缓的重要因素。在经济全球化的发展面临边界约束的条件下，当经济全球化达到一定水平之后，经济全球化对世界经济增长的促进作用有所减弱，而抑制作用有所增强。当经济全球化的红利难以覆盖经济全球化所带来的成本时，世界经济增长的不确定性将大大增加。与此同时，在经济全球化的红利空间增长有限的背景下，中心国家参与经济全球化的意愿也会出现逆转。

第五，美国政府不但人为地放大了对贸易失衡问题的关注，也选择性地忽略了贸易失衡对于美国经济的积极影响。美国对外经济失衡的形成既与发展中国家的对外贸易政策无关，也无从解决中心国家制造业部门面临的就业问题。美国政府并不在意是否能够真正的解决对外贸易失衡，除了政治作秀之外，其平衡对外贸易的真实意图在于对其他国家的进一步发展实施遏制以实现更多的利益诉求。

第六，从相互依存情况来看，虽然中国对美国的经济依存要大于美国对中国的经济依存，但中美两国经济依存不对称的程度正在不断下降。当经济中断时，不但中国主要出口产品难以找到合适的贸易伙伴来替代美国市场，美国通过寻找第三方市场来替代中国市场也存在很大难度。在中美两国贸易和金融领域存在相互依存的条件下，贸易摩擦对于中美两国而言意味着巨大的成本。单纯的贸易冲突只会使中美两国遭受利益损失，而不会对中美两国的分工结构产生影响，更不会在根本上改变当前世界经济的分工格局。

　　第七，中美经贸关系不但是中美关系的"压舱石"和"助推器"，也是世界经济能否健康发展的关键，而欧洲市场将会成为影响中美经济博弈的重要因素。同时，虽然贸易摩擦仍然会集中在制造业部门，但美国制造业的衰退已无法避免，未来世界经济的利益纷争也将逐渐由制造业部门向服务业部门转移。

第二章　贸易失衡与世界经济增长

不同国家的外部平衡状况既是一国经济发展阶段和世界经济分工地位的反映，也在一定程度上决定了不同国家在世界经济一体化格局下的经济利得。同时，在国际分工地位存在差异的条件下，不同国家不但在经济增长方式上有所不同，利益实现水平也存在差异。在世界经济失衡时期，作为世界上最重要的两个经济体，中美两国不但是经济失衡的两端，在世界分工体系中的利益实现方式也颇具代表性。在这样的背景下，本章以中美两国为例，在就世界经济失衡的典型事实分析的基础上，针对经济失衡下世界经济的利益实现逻辑以及利益分配过程中的不对称状况进行讨论。

一、世界经济失衡的典型事实

（一）世界经济失衡的动态调整

在20世纪70年代之后，伴随着美国国内产业结构的调整，美国的对外经常项目账户开始陆续出现赤字。而在进入20世纪80年代之后，经常项目账户赤字已经成为美国经济的常态。图2-1给出了20世纪60年代至今美国对外经济失衡的动态调整情况。结合图2-1可以看出，在一个长周期的历史视角下，美国的对外贸易失衡主要呈现出以下几个特征。首先，在进入20世纪80年代之后，美国的对外经常账户平衡虽然一直在动态调整，但在几乎所有年份，经常账户都处于赤字状态，反映出美国的经济结构以及经济增长方式同20世纪80年代之前相比已经出现了根本的变化。其次，美国经常项目账户赤字的规模一直处于动态调整之中，这种调整既出现在20世纪80年代中期美国和日本贸易摩擦时期，也出现在2002-2003年纳斯达克股市泡沫破灭以及2008-2009年美国金融危机时期。同时，美国经常项目账户的均衡化调整并没有完全消除美国对外经济失衡，相反，在每一次失衡调整之后，美国经常账户对外失衡的规模反而进一步增长了。最后，2008-2009美国金融危机之后，相比历史其他时期，美国对外经常账户失衡的调整最为快速也最为剧烈，对外经常账户赤字占美国国内生产总值的比重快速向均衡方向调整了4%左右的幅度，使得危机后美国的对外经济失衡规模稳定在2%-3%左右的赤字水平。同时，相对来看，这一失衡规模从2010至今一直保持相对稳定，使得过去十年成为美国历史上少有的失衡规模保持稳定的时期。

图2-1　美国经常项目账户平衡的动态调整

注：数据来源于美联储圣路易斯分行，图中阴影区域代表美国经济的衰退时期

与美国的对外经常账户长期赤字不同，改革开放以后，中国的对外经常账户开始在波动中出现盈余。图2-2给出了20世纪80年代至今中国对外经济失衡的动态调整情况。从图2-2可以看出，中国对外经常账户平衡的动态变化主要呈现出以下几个特征。首先，在改革开放初期，中国经常账户平衡呈现波动状态，反映了这一时期中国经济对外开放的初步探索。其次，在进入20世纪90年代以后，中国的对外经常账户平衡虽然一直在动态调整，但经常项目账户的盈余已经成为一种常态，经常项

目账户顺差占国内生产总值的比重在2007年达到9.95%的历史最高点，反映出中国的出口贸易在中国经济增长中的重要地位。最后，在2008-2009年美国金融危机之后，与美国对外经济失衡的调整相对应，中国经常项目账户平衡也开始了均衡化调整，当前中国对外经济失衡规模占国内生产总值的比重基本稳定在2%–3%左右的盈余水平。

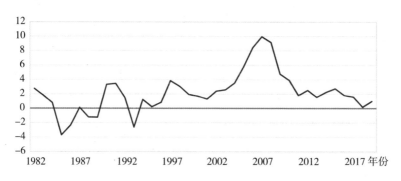

图2-2　中国经常项目账户平衡的动态调整

注：数据来源于世界发展指标数据库。

（二）"中美元素"在世界经济失衡中的作用

如果进一步剖析美国对外经济失衡的国别构成，我们会进一步发现，在美国对外经济失衡中，"中国元素"起到了非常关键的作用。图2-3展示了1992-2019年美国对中国贸易赤字占美国对外贸易赤字比重，以及中国对美国贸易顺差占中国对外贸易顺差比重的变动情况。从图2-3可以看出，美国对中国贸易赤字占美国总贸易赤字的比重在长期内呈现整体上升的趋势。具体来说，在20世纪90年代初，美国对中国贸易赤字占美国总赤字的比重只有16.02%，在此之后，这一数字一直在稳步上升，并在2015年达到最高点47.80%。2018年之后，美国对中国贸易赤字在贸易赤字中的比重有所下降，但依然在30%以上。与此同时，对于中国经济而言，"美国元素"在中国对外经济失衡中的作用也非常明显。在21世纪初期，中国对美国的贸易顺差甚至一度超过对外贸易总顺差。在对美贸易顺差占比最高的2004年，中国对美国贸易顺差占总贸易顺差的比重高达251%。2005年之后，中国对美国的贸易顺差在一定程度上有所收窄，但在2005-2019年期间，中国对美国贸易顺差占总贸易顺差的均值仍接近80%。

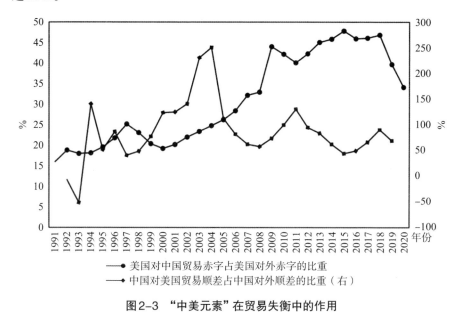

图2-3 "中美元素"在贸易失衡中的作用

注：数据来源于联合国贸易数据库

（三）贸易失衡与经济增长的有关事实

中美两国的经济发展阶段和比较优势存在着显著的差异，这就决定了中美两国不但对外贸易平衡特征有所区别，经济增长方式和增长动力也会有所不同。从现实实践来看，20世纪80年代特别是90年代中期之后，中美经济失衡持续扩张，并成为中美两国最重要的外部经济特征之一。而在外部失衡持续扩大的同时，中美两国也都实现了长期的持续增长。因此，直观判断，贸易失衡与中美两国的经济增长之间存在着一定的关联性，处于失衡两端的中美两国虽然经济增长机制不同，但经济利益的创造应该是存在的。为了更好地考察贸易失衡与中美两国经济增长之间的关系，图2-4和图2-5分别给出了经济失衡与中美两国经济增长之间的关系图。

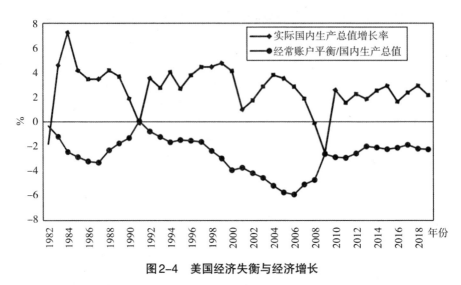

图2-4　美国经济失衡与经济增长

注：数据来源于世界发展指数数据库

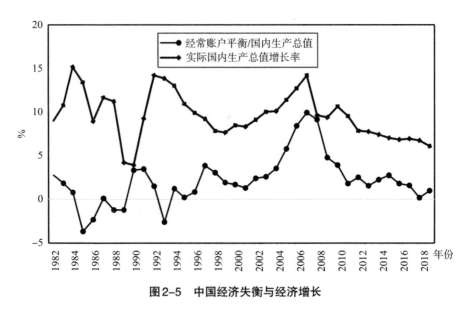

图2-5　中国经济失衡与经济增长

注：数据来源于世界发展指数数据库

　　从图2-4可以看出，对于美国经济而言，在20世纪80年代之后，其实际经济增长速度与经常项目平衡之间呈现出非常一致的对应关系。那些经常账户赤字比较高的年份也恰恰是美国经济增长比较快速的时期。也一点在图2-1中也有所体现，每一次经济衰退时期也是美国经济对外失衡发生调整的时期。20世纪80年代初期以及美国金融危机发生前的快速增长均与不断扩大的外部失衡相对应。而在20世纪90年代初期、纳斯达克股票市场泡沫破灭后以及2008-2009美国金融危机发生后，在外部经常账户失衡逐渐向均衡方向调整的过程中，美国的经济增长速度均出现了一定程度的下滑。

　　中国的情况则与之相反，从图2-5可以看出，中国经济的实际增长速度与经常项目账户平衡之间呈现出显著的同向变动的趋势，这一点在20世纪90年代特别是90年代中期以后体现得尤为明显。这说明，与美国赤字型经济增长的路径不同，中国经济增长的动力主要来源于对外出口规模的持续扩张，作为经济增长"三驾马车"之一的出口部门在中国经济增长过程中发挥着举足轻重的地位。无论是亚洲金融危机后到美国金融危机发生前经济增长与对外顺差的快速增加，还是美国金融危机后经济增长速度与外部顺差的同时下调，都说明了中国经济增长对出口扩张的内在依赖。

二、世界经济失衡下的经济增长逻辑

　　在对世界经济失衡的特征进行分析的基础上，本节进一步就世界经济失衡背景下，中美两国经济的增长逻辑进行讨论。这既是上述典型事实出现的深层原因，也是下文探究世界经济利益分配格局以及理解中美经济政策的关键所在。

（一）全球经济分工中美国经济角色的转变

依据传统的贸易分工理论，不同国家生产技术和资源禀赋上的不同所导致的最终产品的价格差异是贸易分工和贸易利益产生的源泉。当一国某一产业技术水平较高、密集使用的要素禀赋相对丰裕时，这些产业将由于比较优势的存在而成为一国的出口产业。因此，对外出口规模的扩张既是一国内部良好生产条件的自然外在反映，也成为一国经济利益获取大小的关键。早期中心国家每一次世界经济霸权地位的确立无不伴随着大量商品的对外输出，19世纪中后期的英国以及20世纪中期的美国均是如此。

20世纪80年代之后，世界经济一体化进程加快，在存在商品跨境流动的同时，要素特别是资本要素的跨境流动开始成为世界经济中的一个重要特征。这其中，作为资本要素流动最重要的载体，外商直接投资（FDI，Foreign Direct Investment）的流入和流出直接影响和改变了世界经济的分工格局。图2-6给出了发达经济体和发展中国家之间投资流动的变动情况。图2-6反映的最为重要的内容包括以下两点。第一，在20世纪80年代中期特别是进入90年代之后，跨境直接投资流动的规模快速扩张。1985年，高收入国家和发展中国家涉及的直接投资净流动规模分别为166亿美元和103亿美元，占经济总量的比重不足1%。而到了1995年，这一数字分别上升到了842亿美元和656亿美元，比1985年分别增长了4.06倍和5.34倍，在经济总量中所占比重也达2%左右。第二，发展中国家和高收入经济体的直接投资流动呈现出鲜明的对称特征。发达经济体的直接投资呈现净流出，而发展中国家的直接投资表现为净流入。这意味着，从发达经济体向发展中国家的大规模产业转移开始形成。

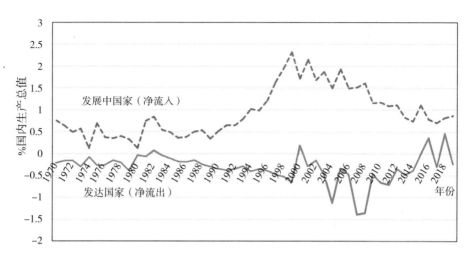

图2-6　直接投资的跨境流动状况

注：数据来源于联合国贸发会议数据库

伴随着资本的跨境流动，无论是传统贸易理论的分工逻辑还是作为中心国家的美国在世界经济中的角色都出现了重要的转变。

首先，资本的跨境流动突破了美国实现竞争优势的国内资源约束，在要素的使用权和所有权出现分离的情况下，"两益相权取其重"的比较优势原则完全可以通过核心要素资源的掌控转变为"凡益皆利"的竞争优势原则，在存在多个竞争优势产业的先决条件下，美国的贸易利益空间被进一步打开。

其次，资本的跨境流动打破了出口状况与国内生产条件的简单相关性，出口水平不再是一国内部要素禀赋的外在反映，而是全球范围内多个国家多种生产要素在全球范围内资源配置的结果。一国经济收益的大小也不再单纯取决于出口规模，而是由凝结在出口产品中一国生产要素的数量和水平，特别是全球生产要素的配置能力来决定。

再次，伴随着资本要素禀赋的跨境流动，市场边界从商品领域向要素流域进一步扩张，美国的角色既不再是全球商品的提供者，也不是一个单纯的技术、知识等高级生产要素的所有者和输出者，而是更多地体现为全球要素和商品的配置者，美国的角色逐渐从世界的"商品加工车间"向"要素加工车间"转换。利益实现的方式也不再是单纯商品输出下的贸易收益，而是国际分工细化下，高级生产要素所有者的要素回报和全球资源配置作用的能力回报。同时，就全球资源配置的原动力而言，在20世纪70年代末80年代初美国金融自由化改革的巨大成功以后，美国金融部门在全球范围内的霸权地位进一步确立，这为美国配置全球范围内的资本要素提供了最终保障。通过借短贷长，作为全球"金融中心"的美国，影响着全球资本的流动方向和流动格局，并进而主导了世界经济的分工格局。

最后，在美国国内劳动力成本、资源成本不具优势的前提下，美国在全球范围内配置资源的结果一定伴随着国内产业特别是国内制造业的对外输出，这进一步导致了国内产品供应能力的不足。在居民消费水平和消费结构存在刚性的约束下，生产领域的结构调整一定伴随着消费结构与生产结构的脱钩，居民消费特别是耐用品居民消费的缺口逐渐形成。而在开放的背景下，这样的一种产出缺口只能通过进口需求来加以满足。相应地，在美国居民消费中，对进口产品的消费特别是对进口耐用品的消费比例逐渐增加。在数字上的反映便是美国出口和产出能力的下降，以及经常项目账户赤字的形成。因此，在这个意义上说，经常项目账户赤字的出现并不意味着美国国内产业竞争力的衰退，更不意味着美国参与全球经济分工的利益损失，其是资本要素跨国流动背景下，美国在世界经济分工中分工角色转变的必然结果，是与美国"全球资源配置者"的角色相对应的。

（二）产业跨国转移与中国出口技术升级

相对于中心国家的美国对于世界经济环境变化的主动调整，外围国家对于国际分工的参与带有一定的被动参与特征。并不是每一个外围国家都可以进入以中心国家为核心的国际分工体系，并均等的获得中心国家角色调整所带来的红利变化。只有那些契合了中心国家角色调整需要的外围国家才能更好地成为新的世界经济格局构建的参与者和获益者。与此同时，在另一方面，外围国家对于全球经济分工体系的参与也并非完全被动，外围国家同样有自身参与全球经济分工的利益诉求，当中心国家角色调整带来的机遇与外围国家的利益诉求吻合时，外围国家更有动力进入以中心国家主导的国际分工体系。

作为中心国家和外围国家的典型代表，美中两国在新一轮国际分工体系调整和构建的过程中，利益诉求得到了很好的契合。一方面，对于美国经济而言，进入20世纪90年代之后，伴随着国内经济结构的调整，美国开启了新一轮的产业对外转移。与20世纪70年代劳动密集型产业的转移不同，这轮跨境转移的产业主要是资本密集型产业，对于外部融资环境具有一定的要求以满足资本密集型产业发展过程中的融资需要。因此，在新一轮产业转移接纳地的选择中，除去劳动力成本之外，市场的融资环境也至关重要。而从可供选择的产业转移接纳地来看，墨西哥在1994年刚刚发生了比索危机引发的金融危机，印度尼西亚、韩国、泰国等东亚经济体在1997年受到了东亚金融危机的困扰，巴西和阿根廷的债务危机不断，土耳其则一直政治局势不够稳定。可以说，在众多潜在的产业转移接纳地中，只有中国不但具有低廉的劳动力成本优势，还拥有良好而稳定的金融市场环境。因此，对于美国来说，中国无疑是最佳的产业转移接纳地。另一方面，对于中国经济而言，虽然在1978年中国已经开始对外开放，但经济开放的领域更多局限在贸易层面，涉及资本流动的管制在20世纪90年代之前一直相对较为严格。进入20世纪90年代之后，特别是邓小平同志南方谈话之后，在原有的贸易开放的基础上，中国有动力在推进市场化改革走向深入的同时，进一步融入世界经济体系。通过外来资本的引入，进一步解决国内经济发展过程中资金短缺、技术滞后、管理经验缺乏、出口结构低端化的问题。可以说，通过立足自身优势，承接国际产业转移，借取外力融入全球价值链分工体系无疑也是当时中国经济发展的最优政策选择。

在这样一个过程中，中国逐渐成为中心国家高级生产要素的重要输出地，在承接了中心国家原有的"商品加工车间"职能的同时，又在资本流动格局中，将出口获得的大量外汇收入以购买政府债券的形式回流到美国，向其提供了大量廉价的资本要素流入，成为中心国家"要素加工车间"重要的资本要素提供国。这样一种主动契合中心国家调整的国际分工参与方式不但在统计意义上带来了贸易规模和产出水平的大幅增长，确立了中国在外围国家内部的经济发展优势和贸易大国地位，更重要的意义还在于通过外来要素与国内禀赋的有机结合，中国的出口技术水平和技术结构稳步提升，避免了单纯依据比较优势导致的国际分工的低端锁定，成为当前世界经济分工格局的关键组成部分，以及影响商品和要素流动方向的重要力量。

为了更好地理解这一事实，表2-1和表2-2分别给出了中美两国出口贸易结构的变动情况。

初步来看，对于美国经济而言，其出口贸易结构以及出口贸易结构的变动都似乎与美国世界经济第一大国的地位不相匹配。具体来说，就美国出口商品的主要构成而言，其最主要的出口商品是初级商品以及资源依赖型制成品，这两类商品的出口占总出口的比重在样本时期内都在30%以上（表2-1）。具有一定技术水平的制造业商品特别是高技术制造业商品在美国对外出口贸易构成中的比重则相对较小，高技术商品占美国出口商品的份额大部分时间都在20%以下。同时，就出口贸易结构的变动趋势而言，高技术商品在美国对外出口中的比重持续下降，其占美国对外出口贸易总额的比重从1995年的25.4%进一步下降到了2017年的16.1%。与之相对应，初级商品以及资源依赖型制成品占出口总额的比重则从1995年的31.7%逐渐上升到了35.8%（表2-1）。与美国出口结构的变动趋势截然不同，中国的出口贸易结构则呈现出逐渐高端化的特征。1995年，中国对外出口中占比最大的是以纺织和鞋帽为代表的低技术制造业产品，这类产品在中国对外出口份额中的比重高达32.1%，而高技术制造业产品在出口份额中的比重则只有14%，尚不及纺织和鞋帽的一半（表2-2）。而到了2017年，中国的出口贸易则呈现出明显的高端化特征。在整个出口构成中，高技术制造业产品成为占比最大的商品，占整个出口贸易的比重高达36.1%，而以纺织和鞋帽为代表的低技术制造业产品在出口中的比重则下降到了14.7%（表2-2）。当前，中国已成为世界第一大高技术产品出口国，而且就目前的市场分布情况来看，中国作为高技术产品出口大国的地位在未来一段时间内还将会持续。

表2-1 美国出口贸易结构的动态调整

（单位：%）

	1995	2017
初级产品	20.8	20.9
资源依赖性制成品：农业相关	6.3	7.0
资源依赖性制成品：其他	4.6	7.9
低技术制造业：纺织、鞋帽等	0.7	1.5
低技术制造业：其他	3.3	2.7
中等技术制造业产品：自动化产品	1.2	9.8
中等技术制造业产品：加工制造品	17.8	8.4
中等技术制造业产品：工程机械品	18.4	11.5
高技术产品：电子和电器	12.2	10.5
高技术产品：其他	13.2	5.6

注：数据来源于联合国贸发会议数据库

表2-2　中国出口贸易结构的动态调整

（单位：%）

	1995	2017
初级产品	4.0	1.4
资源依赖性制成品：农业相关	1.9	2.6
资源依赖性制成品：其他	2.9	2.8
低技术制造业：纺织、鞋帽等	32.1	14.7
低技术制造业：其他	26.3	20.2
中等技术制造业产品：自动化产品	1.7	3.2
中等技术制造业产品：加工制造品	2.8	3.2
中等技术制造业产品：工程机械品	13.8	15.1
高技术产品：电子和电器	11.5	34.0
高技术产品：其他	2.5	2.1

注：数据来源于联合国贸发会议数据库

　　问题在于，以上呈现的中美两国出口技术结构的变动是否说明了美国国际分工地位的下降？答案显然是否定的。正如前文所言，在资本跨国流动的背景下，美国在世界经济分工中的角色已经不再是商品的提供者，而是要素的配置者。这就意味着简单的出口技术结构分析已经不能完全反映美国的利益获取情况。事实上，之所以美国出口构成中初级产品以及资源依赖型制造业产品占比较高，是因为这类商品的生产大量涉及土地、资源等特定生产要素，而这些要素显然缺乏跨国的流动性。也就是说，由于缺乏必要的跨国流动性，美国难以做到在全球范围内配置这些商品和资源，而只能选择自身生产。除此之外，对于中国出口技术结构的提升我们也应该理性看待。中国出口技术结构的优化自然离不开正确的政策指引以及国内经济和技术的持续增长，但外来要素特别是外来资本要素在出口技术结构提升中的作用也不能小觑。事实上，在中国高技术产品对外快速扩张的过程中，外资企业起到了非常重要的推动作用。以2010年为例，中国高技术产品出口中82%的出口都来自外资企业，贸易方式也主要以加工贸易为主，加工贸易出口在整个高技术产品出口中的比重接近80%。[①]外资企业以及加工贸易在中国高技术产品出口中的重要地位，在促进中国国际分工地位提升，改善贸易结构的同时，也说明中国高技术产品出口的快速扩张并非完全源于中国内部的技术优势，外力的推动也是中国高技术产品出口的重要力量。

（三）中美经济的耦合增长

综合以上分析，从利益实现的角度来看，中美经济失衡已经成为中美两国协同增长的桥梁和共同纽带，它既是中美两国国际分工地位和比较优势存在差异的外在表现，也很好地契合了中美两国的经济增长模式，为中美两国共同利益的创造和实现提供了条件。

作为经济失衡的两端，中美两国由于经济发展阶段的差异，其在贸易交往中的收益也有别于传统的理论分析。对于美国经济而言，与20世纪80年代之前美国在世界经济分工中的地位不同，在资本的原始积累逐步完成后，消费需求成为美国国民经济增长的主导因素，生产的重心也逐渐由可贸易的制造业部门转向金融服务业等不可贸易部门。因此，在美国将国内附加值含量较低的产业对外进行转移后，通过大量产品的进口，美国的居民消费需求得以满足的同时，产业结构也在不断优化调整。美国不再是全球工业商品的生产者，而是凭借美元霸权和强大的国内金融市场，通过掌控全球资本的流向，成为全球资本要素的配给者，充当着全球金融中心的角色，以获取全球资源配置的超额收益。而中国的情况则恰恰相反，中国事实上充当了20世纪40年代到70年代之间美国在全球经济分工中的角色，成为全球工业商品的供给者。在国内需求增长有限的前提约束下，工业商品的大量对外输出既是国内大量劳动力就业的

---

① 数据来源于 Xing, Y. (2012). The People's Republic of China's High-Tech Exports: Myth and Reality. Asian Development Bank Working Paper, No.357.

内在要求，也成为国民经济长期增长的持续动力。与此同时，外来资本的大量涌入不但解决了中国经济早期发展过程中资金短缺的困境，也通过技术溢出效应促进了中国出口贸易技术结构的升级，避免了全球经济分工的低端锁定。

在这样的一种经济增长的耦合模式下，虽然处于失衡两端的中美两国的经济增长机制不同，但经济利益的创造却是显著的。这是中美两国大的分工框架下，分工职能高度耦合的必然结果，也是中美经济利益相容的根本保证。

三、世界经济失衡下的利益分配

经济耦合增长下共同利益的实现并不意味着利益分配的公平。中美两国利益获取的相对大小仍然取决于中美两国在全球经济中的分工地位以及彼此的相互依赖程度。至少从以下几个方面来看，虽然中美两国共同利益的实现是中美经济最主要的特征之一，但利益分配的不对称仍然显著存在，美国经济在利益分配过程中不出意外地居于主导地位。

（一）世界经济失衡的逻辑起点在于美国内部经济结构的调整

20世纪70年代末80年代初，伴随着美国金融自由化改革的巨大成功，美国国内金融市场发展水平无论在广度还是在深度上都遥遥领先于其他国家，美国在全球范围内的金融优势进一步确立。美国国内金融市场的快速发展一方面提高了储蓄向投资的转换效率，扩大了资金供给规模。另一方面，金融工具的出现也为市场风险的分散和规避提供了可能，使得企业投资的风险大大降低，风险溢价也随之下降。因此，就实物资本收益率而言，在资金供给增加以及风险溢价下降的共同作用下，美国国内实物资本的投资回报率已经大大低于海外。如果再考虑到美国国内高企的劳动力成本，实物资本的向外流出将成为必然趋势。

与之相对应，从美国国内经济结构的调整路径来看，制造业在美国国内经济中的作用逐渐下降，而金融服务为代表的服务业的地位则在不断上升。据美国经济分析局提供的数字，在1947年美国国内制造业部门和金融等服务业部门增加值占国内生产总值的比重分别为26%和14%，制造业部门的产出比重远远高于服务业部门。但到了1980年，伴随着美国国内经济结构的进一步调整，制造业部门的产出已经被服务业部门超过。制造业部门的萎缩直接导致了国内商品供给能力的相对不足，美国居民消费特别是耐用品居民消费的缺口成持续扩大之势。开放背景下，进口需求成为调节消费缺口的重要手段，美国赤字型经济模式逐渐形成。因此，在这个意义上说，美国国内经济结构的调整构成了中美经济失衡的逻辑起点，而经济失衡则可以看作是美国国内经济结构调整的结果。在这个意义上来说，由经济失衡所引起的利益分配格局必然是偏向于美国的。

这里面需要进一步说明的一点是，美国制造业产出比重的下降并不是美国制造业绝对竞争力下降的结果，而是因为美国的金融服务业相对制造业而言具有更为明显的优势。也就是说，从比较优势的角度来讲，由于美国金融部门的竞争优势更为明显，因此在美国国内产业结构调整的过程中，美国不断地将资源从制造业部门向金融部门转移，从贸易部门向非贸易部门转移。在美国金融中心地位日益巩固的背景下，美国制造业部门的萎缩是在美国国内产业结构调整优化的内在要求下，通过制造业部门利益的让渡，使得外围国家为其居民消费和企业生产提供廉价的商品和资本供给，实现美国国内资源优化配置和国际经济势力扩张的内在需要。在这样的一个过程中，美国凭借其金融部门在规模、流动性、获利性、深度和广度等方面的综合优势以及美元的霸权地位，成为全球经济的主导国家，控制着全球资本和贸易的流动方向。而对于以中国为代表的制造业国家而言，其国内经济特别是制造业部门的发展壮大虽然为国民经济的发展提供了必要动力，但在全球经济一体化的背景下，这些国家制造业部门的发展既是美国国内产业对外转移的必然结果，也是美国霸权下国际分工体系的必然要求。在这样的一种分工格局下，虽然有利益共赢的内在机制，但"中心—外围"格局的不对等特征才是全球经济分工的主要特点。中心国家的美国居于主动，而中国等其他顺差国只处于世界分工体系的外围，被动地围绕中心国家的经济运行情况而运转，其国内经济虽然能够获得一定的增长收益，但这样的一种国内经济增长收益在某种意义上却是外围国家接受美国主导的国际分工和产业转移的必然结果，呈现出对美国经济所具有的天生的内在依赖性。

（二）"双补贴"与中美利益分配的不对等

在中美经济失衡的背景下，中美经济之间的分工在商品交换和资本流动层面都有所体现。就利益分配格局而言，无论在商品交换层面，还是在资本流动层面，中国都似乎在整体意义上对美国进行了补贴。这样一种"双补贴"现象的存在进一步说明了中美利益分配的不对等特征。

在资本流动层面，如前所述，在美国产业增长的动力由制造业转向金融服务业之后，美国在全球经济分工中的角色逐渐转变为资本要素的配置国，主导着全球资本的流动格局。在当前的全球资本流动格局中，全球资本的双向循环流动是最主要的特征。一方面，外围国家通过对中心国家的出口积累了大量的外汇储备，而在美元霸权以及外围国家缺乏良好的投资渠道的背景下，这些外汇储备更多地用来购买收益率较低的美国长期国债等美元金融资产，实质上就是向美国提供的低利率的廉价资本信贷。从表2-3可以看出，在1974-2004年，美国负债中的债券收益率平均只有0.32%，这意味着美国仅靠支付不到百分之一的利率便可以从外围国家进行融资。另一方面，这些美元资产在美国通过金融市场进行重新配置后，转化为高收益率的直接投资和股权投资（表2-3中直接投资和股权投资的收益率分别为9.7%和15.6%），又重新回流到外围国家。即便不考虑这些投资对美国产业结构优化调整所产生的间接作用，单以收益率差异来看，也有接近10个百分点的收益率差异。因此，在资本跨国循环流动的过程中，美国获得了高额的资本配置收益。也正是在这个意义上，我们认为，作为美国最大债权国的中国为美国提供了信贷补贴。

表2-3 美国的资产负债的收益率

（单位：%）

时期	指标	对外资产					对外负债				
		总资产	股权	FDI	债务	其他	总负债	股权	FDI	债务	其他
1954-1973	均值	4.04	10.83	9.44	4.82	2.40	3.78	11.59	9.96	0.80	1.24
	方差	4.79	36.83	16.32	17.67	1.75	9.60	36.29	21.33	10.66	1.32
	夏普率	84.51	29.41	57.85	27.29	137.1	39.34	31.93	46.68	7.47	94.63
1974-2004	均值	6.82	15.54	9.65	4.05	4.11	3.50	9.43	9.31	0.32	1.16
	方差	14.84	41.61	29.69	14.77	11.89	11.07	37.09	25.96	14.50	6.24
	夏普率	45.91	37.35	36.16	27.40	34.54	31.60	25.43	35.85	2.19	18.58

注：数据来源于 Gourinchas, P.-O. and H. Rey (2005). "From World Banker to World Venture Capitalist: US External Adjustment and the Exorbitant Privilege." NBER Working Paper No.11563

在商品交换层面，伴随着美国制造业的对外转移，美国不得不通过进口贸易来满足国内消费需求。在中心国家经济增长动力主要来自内需推动的背景下，这样的一种分工方式在推动中心国家经济增长的同时，还在一定程度上为其国内的低通胀和产业结构的优化调整提供了动力。虽然对于同类商品的生产厂商而言，大量商品的进口不利于这些厂商利润的实现，但站在美国整体福利的视角，中心国家与外围国家双边贸易所带来的大量廉价制造品却带来了消费者以及整体福利的提升。因此，在这个意义上，我们认为在商品交换层面，外围国家也对美国进行了商品补贴。更为重要的是，如果说之前流入美国的中国商品更多在于"价廉"，那么伴随着中国经济发展水平的提升以及贸易高质量发展战略的实施，现在流入美国的中国商品更多具有"质优"的特征。从图2-7可以看出，进入20世纪90年代中期以后，流入美国的中国产品品质稳步提升，加权平均质量指数由最初的不足0.3（相当于同类产品世界最高质量水平的30%）逐渐上升到0.55，相对质量几乎上升了一倍。而从2018年流入美国市场的中国产品的质量分布来看，大部分产品的质量水平都在0.4–0.8的质量区间（图2-8），这在说明中国出口到美国市场的商品具有良好品质的同时，也意味着美国消费者在中国商品的大量进口中获得了较高的福利。

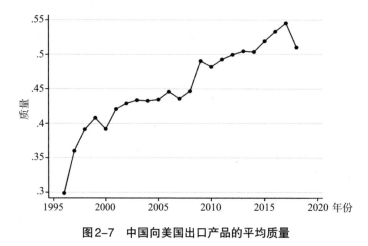

图2-7　中国向美国出口产品的平均质量

注：出口质量的计算参照Henn (2015)的测算方法得出。为了计算整体的出口质量，我们以产品的重要性为权重对中国对美国出口的所有商品的出口质量进行了加权。权重为美国某种商品进口占全部商品进口的比重

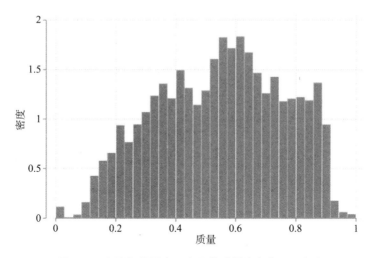

图2-8　中国向美国出口产品的质量分布（2018年）

注：出口质量的计算根据 Henn (2015) 的测算方法得出

（三）从产出损失的角度看利益分配的不对等

国家利益分配的不对等不但体现在经济增长繁荣期获益大小和获益方式的差异，也体现在衰退期产出调整成本的分担上。如果一国处于利益分配的核心地位，那么在面临经济衰退时，其所承担的产出损失和调整成本也会相对较小。

从现实实践来看，美国金融危机的发生在造成美国金融市场动荡和实体经济衰退的同时，也通过贸易和投资等渠道极大地冲击了全球的实体经济。而不同国家实体经济层面产出损失的大小不但反映了本轮金融危机的巨大影响，也在一定程度上说明了不同国家在全球利益分配过程的相对地位。

接下来，我们重点考察一下不同国家在2008-2009金融危机期间的产出损失情况，以为不同国家利益分配地位的判断提供事实基础。由于当前对于金融危机所带来的具体产出损失大小缺少一个相对规范准确的衡量和测度。因此，我们首先对金融危机所造成的产出损失进行估算，实际估算时，我们分别从实际产出的增长率损失和绝对产出水平损失两个层面来对实际产出损失进行衡量。

对于实际产出增长率损失的估算，我们主要参考 Hohohan and Klinggebiel（2003）以及 Claessens（2004）等的计算方法，通过考察金融危机发生前后各个国家实际产出增长率的变化，以危机前与危机后实际产出增长率的差值来对本轮金融危机的产出损失加以衡量。其中，金融危机后的经济增长率以每个国家 2008–2009 年实际产出增长率的平均值表示，而金融危机前的经济增长率我们则以一定时期内各国实际产出增长率的均值表示。为了增强产出损失估计的稳健性，我们选取 2007 年、2005–2007 年、2003–2007 年三个不同时间跨度的时期为参考基期，以这些时期实际产出的平均增长率作为危机发生前相应国家的产出增长率。

同时，正如 Hoggarth 等（2002）和 Boyd 等（2005）所指出的，在金融危机发生后，初始年份产出水平往往下滑较为严重，因此即便在产出增长率达到金融危机发生前水平的情况下，实际产出水平也往往低于危机前的产出水平。因此，单纯从产出增长率损失的角度来衡量金融危机的产出损失可能会在一定程度上低估实际产出损失的大小。对此，我们在以实际产出增长率损失对金融危机的实体经济效应进行考察的同时，也引入对于绝对产出水平损失的分析。具体来说，我们主要以实际产出相对于潜在产出的差值来对金融危机所造成的绝对产出损失进行估算。潜在产出的测量主要是在假定不发生金融危机的背景下，按照金融危机发生前的产出增长率所可能实现的产出水平。而危机发生前的产出增长率仍然参考多个时期，以 2007 年之前一年、三年和五年产出增长率的均值来表示。

表 2-4 从产出增长率损失和绝对产出水平损失两个维度，基于金融危机发生前产出增长率的一年平均、三年平均和五年平均值，做出了金

融危机发生后，世界主要国家实际产出的损失情况。

从表2-4可以看出，金融危机发生后，在世界主要国家内部，实体经济产出损失的全面性和非对称性表现得非常明显。

一方面，在全球贸易、金融和经济联系日益密切的背景下，国别经济之间的相互依存逐渐深化，产出波动的传递和影响也逐渐拓宽到全球经济层面。因此，本轮金融危机对实体经济的冲击具有非常显著的全球性特征。这一点，对于世界主要经济体而言也不例外。从表2-4可以看出，在世界主要经济体中，无论以何种指标对金融危机的产出损失进行衡量，[①]表中所列国家的实体经济都在2008-2009年金融危机中受到了负向冲击。除去澳大利亚、沙特和印度尼西亚的产出损失相对较小外，其余国家的产出损失大部分都在3%以上。整体来看，样本国家产出增长率的平均损失在4%左右，而绝对产出损失的大小则在4.6%-5.0%之间。

表2-4　世界主要国家2008-2009年金融危机的产出损失情况

（单位：%）

国家	增长率损失（一年平均）	增长率损失（三年平均）	增长率损失（五年平均）	绝对损失（一年平均）	绝对损失（三年平均）	绝对损失（五年平均）
阿根廷	4.85	4.96	5.03	5.42	5.57	5.66
澳大利亚	1.26	0.72	0.89	1.26	0.47	0.72
巴西	3.62	1.93	1.54	3.92	1.56	1.00
加拿大	3.17	3.65	3.58	3.91	4.59	4.49
中国	4.85	3.38	2.31	6.31	4.44	3.03
法国	3.58	3.37	3.21	4.53	4.23	4.01
德国	4.52	4.13	3.42	5.21	4.65	3.65
印度	3.25	3.07	2.62	5.02	4.79	4.19
印度尼西亚	1.07	0.57	0.19	1.19	0.48	-0.06

① 这其中，在个别指标衡量衡量沙特和印度尼西亚的产出损失时，并没有发现这两个国家的实际产出受到了较大的冲击。

续　表

国家	增长率损失（一年平均）	增长率损失（三年平均）	增长率损失（五年平均）	绝对损失（一年平均）	绝对损失（三年平均）	绝对损失（五年平均）
意大利	4.66	4.57	4.32	5.91	5.78	5.42
日本	5.58	5.33	5.31	7.10	6.76	6.74
墨西哥	5.86	6.35	5.9	6.56	7.22	6.61
俄罗斯	9.86	9.01	8.83	10.67	9.60	9.37
沙特	−0.22	1.34	2.49	−1.32	0.97	2.61
南非	4.54	4.50	3.82	5.19	5.15	4.21
韩国	3.86	3.50	3.09	5.00	4.51	3.94
土耳其	6.68	8.67	8.93	8.23	10.80	11.14
英国	4.75	4.71	4.85	5.58	5.54	5.73
美国	3.26	3.88	4.07	4.14	5.00	5.27
发达国家	3.85	3.80	3.71	4.71	4.63	4.50
新兴市场国家	4.38	4.30	4.07	5.11	5.01	4.70
样本国家平均	4.16	4.09	3.92	4.94	4.85	4.62

注：数据来源于世界发展指数数据库，并由作者计算而得

　　另一方面，虽然从整体上来看，美国金融危机的发生几乎对每个国家都形成了负向冲击。但在2008-2009美国金融危机的产出效应呈现出全面性特征的同时，在样本国家内部，产出损失的非对称特征反映的依然非常明显。具体来说，就发达经济体和新兴市场国家整体而言，虽然本轮金融危机起源于发达国家，但从实体经济所受到的冲击来看，新兴市场国家整体受到的冲击却相对较大，其平均的产出增长率损失大概比发达国家高出0.3-0.5个百分点，而绝对产出损失则高出了0.2-0.4个百分点。而与之相对应，发达经济体的产出损失不但整体较小，内部差异也相对不大。特别是对于美国经济而言，其产出损失更是与金融危机的爆发逻辑和传导路径不相一致。2008-2009年金融危机的发生不但起源于美国国内，直接诱因也在于美国国内房地产市场泡沫的破灭。可以说，无

论出于金融危机溯源的考虑还是从现实实践中金融危机的爆发路径来看，美国经济都应该是产出损失最大的一方。但就结果来看，美国的产出增长率损失在3.3%–4.1%之间，绝对产出损失在4.1%–5.3%之间，与全部国家产出损失的均值非常接近，个别指标还低于样本国家的平均产出。而对于中国经济而言，严格意义上，金融危机的发生与中国经济之间几乎不存在直接关联，中国经济理应不需要为美国金融危机的发生担负任何责任。但就产出损失而言，尽管中国经济的产出损失相对较小，但仍然承担了不必要的产出调整成本。因此，在这个意义上说，金融危机起源于美国，但产出调整的成本却由世界上包括中国在内的大多数国家共同承担。这一点，既是世界经济联系日益密切的佐证，也在一定程度上反映了世界经济利益分配格局中的不对等特征，作为中心国家的美国在世界利益分配和成本承担过程中仍然是最具优势的国家。

四、本章小结

本章主要围绕世界经济失衡时期世界经济的利益实现机制和利益分配机制进行讨论，主要的结论如下：

在世界经济失衡时期，美国不再是全球工业商品的生产者，而是成为全球金融中心，通过影响全球资本的流动方向，主导世界经济的分工体系。中国则承担了世界经济的生产职能，成为全球制成品的生产方和输出国。中美两国虽然利益实现方式不同，但却都实现了经济的快速增长，两国经济呈现出经济增长的耦合特征。

中美经济耦合增长下共同利益的实现并不意味着利益分配的公平，世界经济利益分配的不对称仍然显著存在于国际分工体系之中。作为世界经济分工的中心国家，美国经济在利益分配过程中居于主导地位，而中国等其他顺差国虽然能够在全球经济分工中获得一定的增长收益，却是经济全球化红利分配的弱势方。外围国家在商品层面和资本层面对于中心国家的"双补贴"以及金融危机成本的共同承担都是这种非对称利益分配格局的外在体现。

第三章　再平衡下的美国经济和世界经济

3

从利益实现的角度来说，建立在比较优势基础之上的中美经济失衡格局的形成是不同国家发展阶段和要素禀赋存在差异的自然反应，其是满足国别经济和全球经济的增长收益的。然而，经济失衡在带来了经济增长的高收益的同时，潜在的经济危险也在不断孕育。而2008–2009年美国金融危机的发生与这样一种经济风险的累积也是密切相关的。在学术研究层面，对于2008–2009年美国金融危机的成因，早期的研究大多将视角投向金融领域，强调过度金融自由化下的信贷标准下降和道德风险积聚所导致的负面影响（Dell'Ariccia 等，2012；Mian and Sufi, 2008 等）。后期的研究则逐渐将视角转向实体经济层面，强调金融危机产生的全球经济失衡背景，认为在美元一元独大的国际货币霸权体系下，外围国家巨额的外汇储备以购买美国国债的形式向美国回流，这带来了美国市场上流动性的过度繁荣，在实体经济中缺乏有效的高收益投资行业的情况下，流动性的过度繁荣成为泡沫经济形成的最早温床（Dunaway, 2009；Gros, 2009；Reinhart and Rogoff, 2008 等）。因此，从这个角度来说，经济失衡具有典型的双刃剑属性，经济失衡在带来了经济增长收益的同时，也孕育着相应的风险。经济增长的高收益与高风险并存于经济失衡的扩张过程。也正是基于此，各国在采用经济刺激政策，促进全球经济复苏的过程中，经济再平衡的重要性被不断加以强调，以求通过多方努力，实现全球经济的平衡增长。对于美国经济而言，这一点也不例外。在金融危机后经济复苏的过程中，美国对外经济失衡既有房产财富破灭后的主动调整，也有政府政策推动的痕迹。与之相对应，美国经济在保留了一些既往经济增长特征的同时，也出现了一些新的变化。

一、美国经济失衡的调整与产出恢复

（一）经常账户失衡的均衡化调整

伴随着美国金融危机的发生，美国的经常项目账户失衡快速向均衡方向加以调整。经常账户赤字占国内生产总值的比重从2006年第3季度6.2%的历史高点迅速回调至2009年初的2.7%，失衡的调整非常剧烈。同时，从这一时期美国经常账户失衡调整的原因来看，这一时期美国经济失衡的调整更多源于房地产泡沫破灭下房产财富效应的消失。从传导链条来看，房地产市场泡沫的破灭大幅降低了居民的房产财富，这进一步压低了整体的居民消费，并最终导致了进口需求的萎缩，使得经常账户赤字有所收窄。应该说，金融危机爆发初期经常项目账户失衡的调整过程具有典型的市场调整特征，与美国政府的宏观政策关联不大。一方面，在金融危机发生的初期，应对经济的大幅下滑是政府政策的首要目标，经济增长的模式到底是失衡还是平衡并非关键。从具体的政策取向来看，金融部门的稳定性和消费需求的维持是政府反危机政策最核心的目标，这对应的仍然是美国金融服务部门竞争优势的维持以及消费在赤字经济发展中的引领作用，实质上是强调经济增长方式向金融危机前失衡增长模式的回归。另一方面，从认识论的角度来讲，虽然金融危机前有关全球经济失衡可持续的讨论已经引起大量学者关注（Fogli and Perri, 2006; Lane and Milesi-Ferretti, 2005; Caballero 等 , 2006; Gourinchas and Rey, 2005; Eichengreen, 2004; Obstfeld and Rogoff, 2005, 2006等），但在美国金融危机后，最早对经济危机成因的分析仍然主要集中在金融领域，而对危机发生的全球经济失衡环境的考察相对不足，经济失衡与经济危机之间的强相关性并未被普遍接受，这也弱化了美国政府对再平衡政策目标的关注。而在2010年之后，伴随着美国经济的逐渐复苏以及对经济失衡的风险属性的进一步认识，"避虚就实"和"避轻就重"成为主要的产业调整思路，以《美国制造业促进法案》《国家制造业战略法案》、"出口五年翻番计划"等为代表的体制和政策设计已经开始将经济的再平衡作为首要的政策目标。从结果来看，从2010年开始，美国经常账户平衡占国内生产总值的比重在很长的一段时间内都稳定在3%左右的中等水平上。而在进入2012年美国经济的复苏特征基本确定之后，这一数值甚至逐步回落到了1.9%左右，呈现出一定的超调特征。尽管如此，特朗普政府在主政美国之后，仍然在多个场合表达了对于贸易赤字过大的担忧，并以此为由挑起针对中国的贸易摩擦。但从结果来看，特朗普任期内美国对外贸易赤字占国内生产总值的比重变化不大，仍然保持在2%左右的区间（图2-1）。

（二）逐渐走出衰退的实体经济

在对外经济失衡调整的同时，美国实体经济的运行状况也在发生着变化。由于一国的产出增长情况是一国宏观经济最为直接的衡量指标，因此在接下来的分析中我们重点考察美国产出变化的情况，具体结果见图3-1。结合图3-1，我们至少可以得出两个结论。首先，金融危机的发生大大冲击了美国的实体经济，从2008年第二季度开始，美国经济开始偏离原有的经济发展轨道，产出水平在大幅下挫之后开始沿着相对较低的产出水平增加，即便是在连续实现了14个季度增长的2013年，经济增长也没有回到原来预期的产出水平（在经济增长的趋势以下），整体的产出损失大概在5%-6%之间。[①] 其次，在2010年之后，美国经济保持了一个相对良好的复苏态势。从经济的增长速度来看，在2010年之后，美国经济逐渐向好的趋势已经非常明显。在2011年到新冠疫情席卷美国之前，美国产出的季度同比增长率平均为2个百分点左右，这一数值已经非常接

---

① 这里产出损失的衡量与第二章相同，通过实际产出相对于趋势产出的差值计算得出。

近金融危机发生前（2001-2007年）产出水平的平均增长速度（2.4%）。因此，从这个角度来说，就大的趋势而言，美国经济已经基本走出了2008-2009年美国金融危机的冲击。当然，伴随着中美贸易摩擦的出现以及新冠疫情管控的不力，美国经济的未来增长前景仍然具有一定的不确定性。

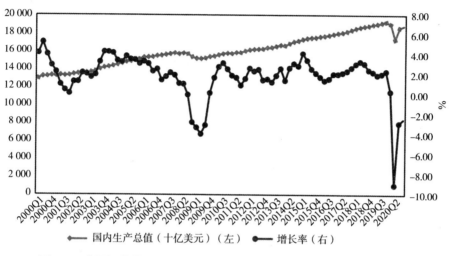

图3-1　美国经济的整体增长状况（1999年第一季度-2020年第四季度）

注：图中数据为2009年实际美元数据，数据来源于美国经济分析局

（三）美国经济复苏的隐忧：进一步的对比分析

结合以上的分析，可以说美国经济已经基本走出了金融危机时期的产出下滑。但需要注意到的是，短期的经济复苏并不等于长期的持续的产出扩张，关于美国经济长期增长的担忧仍然存在。一个显而易见的问题是，金融危机对于美国经济的影响到底是长期的还是短期的？如果金融危机只会在短期内影响美国经济的增长，那么在经历短暂的衰退之后，美国经济大概率会重新回到金融危机前的高速增长路径。相反，如果金融危机对美国经济的增长长期存在的话，美国经济产出的持续扩张将面临挑战。为了对这一问题进行回答，我们对比了2008-2009年美国金融危机时期以及20世纪30年代大萧条时期美国经济全要素生产率的变动情

况，以对金融危机后美国经济和世界经济反弹的动力以及未来的增长趋势进行判断，结果见图3-2。

从图3-2可以看出，在两次经济危机时期，全要素生产率的变化呈现出高度的一致性。在两次经济危机发生之前，全要素生产率都已经开始有所下降，并于金融危机时期达到阶段性的历史低点。在金融危机之后，伴随着经济的复苏，全要素生产率也快速反弹，并在随后的年份趋于稳定。这一点，其实是与生产率变化的顺周期特征密切相关的。但是，比较图3-2中两次经济危机时期全要素生产率变化的幅度，我们可以明显看出，在20世纪30年代大危机时期，全要素生产率的反弹更为明显。在1932年和2008年，美国经济的全要素生产率的增长率达到阶段性低点，分别为 -5.0% 和 -1.3%。在此之后，全要素生产率开始恢复增长，但20世纪大危机时期全要素生产率的增长更为快速，1934年的全要素生产率增速高达14%，经济危机后九年的全要素生产率平均增速为2.9%。

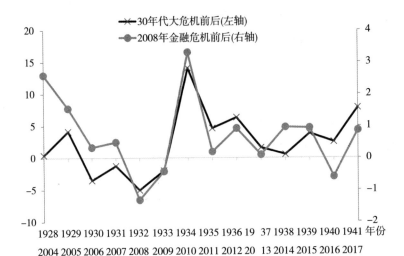

图3-2　大萧条与2008美国金融危机时期生产率的对比

注：1928-1941年的数据来源于 Cohen-Setton (2018)："Should We Expect a Rebound in TFP Growth? Insights from the 1930s"，Peterson Institute for International Economics；2004-2017年的数据来源于美国劳工局网站

而美国金融危机发生之后的2010年，全要素生产率的增长率只有2.9%，经济危机后九年的全要素生产率平均增速只有0.4%。因此，从这个角度来说，尽管金融危机后美国经济已经呈现诸多向好变化，但经济反弹力度还相对较弱，能否回到金融危机前的高速增长路径还带有很大的不确定性。

二、再平衡调整下失衡的美国经济增长

金融危机后美国对外经济失衡的均衡化调整并没有从根本上改变美国经济赤字型增长的模式。从以下几个方面来看，金融危机后的美国经济仍然沿袭了经济失衡时期的增长特征和增长模式。

（一）美国经济外部失衡的规模依然很大

伴随着美国对外经济失衡的再平衡调整，美国对外经济失衡的程度在金融危机之后明显下降，但这种下降更多的体现在美国经常项目账户赤字相对于美国经济总量的相对下降，绝对的赤字规模仍然位于高位。图3-3给出了美国出口、进口和贸易赤字规模的变动情况。从图3-3可以看出，金融危机的发生极大地影响了美国对外贸易的发展状况。伴随着金融危机的发生，美国对外出口贸易和进口贸易都出现了较大程度的下降，这在一定程度上说明金融危机对美国贸易结构的影响不但体现在需求层面，在供给层面也有相应的体现。同时，从进出口贸易变化的相对大小来看，在金融危机时期，相比出口贸易，进口贸易的下降幅度更为明显。这在一定程度上带来了美国经常账户平衡的改善。尽管如此，美国的对外贸易赤字并没有完全消失，甚至没有出现趋势性的收敛。事实上，在世界范围内没有出现大的技术创新和制度创新的背景下，世界经济的分工格局以及美国在世界经济中的角色都不会发生根本的变化。这

也就决定了金融危机后美国经济再平衡的调整更多的是一种"量"的调整，美国经济增长过程中的"失衡"属性不会轻易消失。也正是基于此，金融危机后的美国经济增长仍然是一种外部失衡下的经济增长模式，这一点，并不会随着金融危机的发生和贸易失衡的再平衡调整而有所改变。

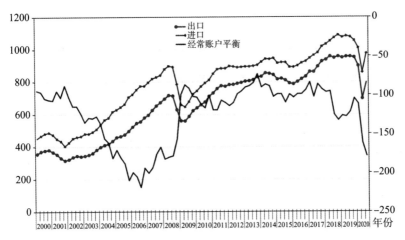

图3-3　美国的进出口和外部平衡情况（单位：10亿美元）

注：图中坐标轴左轴对应的是进口和出口的数据，右轴对应的是贸易账户平衡的数据。数据来源于美国经济分析局

（二）金融危机的发生并未在根本上动摇美元的货币霸权地位

在上一章的讨论中，我们认为在资本跨国流动的背景下，美国凭借其金融部门的优势以及美元的货币霸权地位，控制着全球资本和贸易的流动，成为全球的金融中心，主导着全球的分工格局。在这个意义上，美国充当世界经济的金融中心的关键仍然是美元的货币霸权地位。在美元霸权地位发生动摇的条件下，美国金融扩张下的借贷经济增长模式及其全球范围内配置资源的能力均将不复存在。而从国际货币最为重要的储备职能来看，金融危机的发生并没有动摇美元的货币霸权地位。从表3-1可以看出，在全球储备货币的构成中，美元储备所占的比重一直非常稳定，在2007-2016年期间，储备货币构成中美元的比重一直稳定在61-

65%的区间。在最低的2013年，美元的储备份额也有61.24%。更为重要的是，从全球主要货币储备份额的相对差距来看，无论是欧元、日元，还是英镑及其他货币，在储备份额上都与美国有较大差距，排在第二位的欧元的储备份额尚不足美元的1/3。这说明，至少在短期来看，其他的货币尚不具备挑战美元货币霸权的能力，美元仍然是国际货币体系中的中心货币。这在根本上保证了美国的全球金融中心地位以及借贷型经济增长的可持续性。

表3-1 主要货币在全球储备货币中的份额

（单位：%）

货币	2007	2008	2009	2010	2011	2012	2013	2014	2015	2016
美元	63.87	63.77	62.05	62.14	62.59	61.47	61.24	63.34	64.16	63.96
欧元	26.14	26.21	27.65	25.71	24.40	24.05	24.19	21.90	19.73	19.74
日元	3.18	3.47	2.90	3.66	3.61	4.09	3.82	3.90	4.03	4.21
英镑	4.82	4.22	4.25	3.93	3.83	4.04	3.98	3.79	4.86	4.42
瑞士法郎	0.16	0.14	0.12	0.13	0.08	0.21	0.27	0.27	0.29	0.17

注：数据来源于国际货币基金组织COFER数据库

（三）资产价格上涨下的财富效应仍然是推动美国居民消费增长的重要因素

伴随着美国国内产业结构"由实向虚"的动态调整，进口需求成为满足国内需求缺口的重要方式。这也就意味着，在国民经济核算的角度，进口的直接贡献已经相对有限，而其带来的间接消费增长成为美国经济的重要支柱。事实上，从美国国民经济的部门构成来看，占国内生产总值70%以上的消费是最为核心的因素。

就支撑消费的因素而言，除去居民可支配收入之外，居民财富也是重要的影响因素。事实上，如果在一个长期的历史框架下考察消费的支撑结构，会发现居民财富的增长速度要远远快于居民可支配收入的增长，其在居民消费中的作用越来越重要。这一点，从图3-4中居民财富—收入比的变化情况来看体现得非常明显。同时，从图3-4还可以看出，在财富—收入比整体提高的同时，历史上也存在着财富—收入比下降的时期。在纳斯达克股票市场泡沫以及美国房地产市场泡沫破灭后，股市财富和房市财富的缩水均直接导致了美国居民财富—收入比的下降。而在居民财富—收入比下降的同时，美国的居民消费继而整个的产出增长也相对乏力。

2008-2009年美国金融危机发生后，伴随着房地产价格和股票价格等资产价格的大幅下调，美国居民财富水平大幅下降，财富—收入比在2009年初只有5.1倍。随后，在美国扩张的宏观经济政策的刺激下，财富水平再次随资产价格的攀升而走高，成为2010年后维持居民消费需求增长的重要因素。因此，从这个角度来说，就美国经济增长的核心动力——消费需求而言，其增长背后的因素在金融危机前后并未呈现明显差异。

另外，进一步需要提及的是，相对于居民可支配收入，居民财富对居民消费的影响往往是通过资产价格变动下的"庇古效应"实现的。这就导致居民财富支撑下的居民消费往往具有明显的"超前消费"特征（雷达和赵勇，2009）。在当前支付能力有限的背景下，借贷型的消费模式逐渐形成，突出地表现为美国居民储蓄率的持续下降。这一事实是金融危机发生前美国居民消费的一个典型特征。从图3-5可以看出，从20世纪70年代之后，美国的居民储蓄率便不断下降，从70年代中期的8%左右持续下降到了2006年底的不足1%。2008-2009年美国金融危机的发生极大地影响了美国居民财富水平的同时，也增加了未来收入增长的不确定性。在这样的背景下，美国居民的消费趋于谨慎。居民储蓄率也在2009年之后显著上升。但在美国的宏观经济逐渐复苏、居民消费趋于扩张的背景下，伴随着有限的居民可支配收入增长，美国的居民储蓄率再次在2013

年之后降至低位（图3-5）。较低的居民储蓄意味着美国国内可贷资金市场上资金供应能力的不足，从国民经济恒等式出发，这对应着经常项目账户的贸易赤字。因此，在这个角度上来说，在美国居民储蓄率处于低位的背景下，美国经济的失衡增长模式将难以改变。

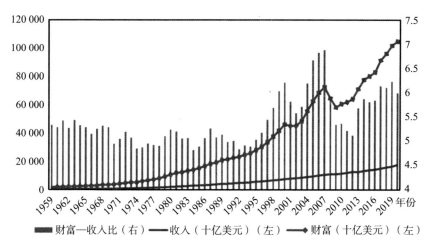

图3-4 美国居民收入和居民财富的动态变化

注：数据来源于美联储圣路易斯分行

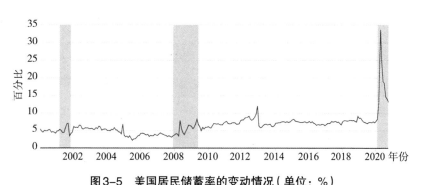

图3-5 美国居民储蓄率的变动情况（单位：%）

注：数据来源于美联储圣路易斯网站，图中阴影部分表示经济衰退区间

（四）制造业在国民经济中的地位并未呈现明显变化

如前所述，从20世纪50年代开始，美国国内的产业结构开始加速调整，突出地体现在服务业产出比重的上升以及制造业部门国民经济地位

的下降上。以金融、房地产租赁、专业和商业服务、教育服务业为代表的服务业在国内产出中所占的比重从1947年的19%逐渐上升到了2013年的76%。在服务业快速发展的同时，制造业部门在整个美国国民经济中的地位却在不断下降。1950年，美国制造业部门的产业增加值为793亿美元，占美国国内生产总值的比重为27%，是按产业大类分类下占国内生产总值比重最大的部门。而到了2013年，虽然制造业部门的产值相比1950年增长了接近25倍，但产业增加值在整个美国产出中的比重却下降到了12.1%，[①]美国经济呈现出非常明显的去工业化特征。

服务业更为明显的正外部性和就业效应为美国经济的长期发展注入了持久动力。但从宏观经济发展的平衡和稳定性的角度出发，制造业部门的发展仍然具有一定的现实意义。事实上，早在20世纪70年代，伴随着美国制造业部门产出份额的下降，很多学者和政策制定者便基于夯实美国经济和工业基础的考虑，提出了美国再工业化的政策主张。而在此之后，每当经济下滑和失业上升之时，再工业化的概念都会被加以提及，成为事实上的经济刺激政策。2008-2009年美国金融危机的发生在极大地影响了美国金融市场和实体经济的同时，也引起了学界和政府当局对美国经济增长模式的反思。在此背景下，奥巴马政府提出了以重振美国制造业为核心的再工业化战略，以期促进制造业部门发展，实现经济增长重心从虚拟经济向实体经济的转变。

从实际效果来看，在总量意义上，在进入2010年以后，伴随着美国经济的企稳以及再工业化战略的实施，美国制造业部门也呈现逐渐复苏的趋势。在2010年之后到新冠疫情之前的大部分时期，制造业生产指数、订单指数以及采购经理指数（PMI）绝大多数时间都保持在50以上，显示出相对良好的增长态势。与之相对应，美国制造业部门的产业增加值也由2009年的1.7万亿美元上升到了2013年的2.10万亿美元，五年的时间

---

① 数据来源于美国商务部经济分析局。

增长了24个百分点，制造业部门呈现整体复苏的趋势。

美国制造业部门的整体复苏既受益于美国再工业化战略的实施，也离不开美国经济整体增长环境的改善。问题在于，美国的再工业化战略强调的并非绝对的制造业产出水平和竞争力指标的提升，而是美国国民产出构成中制造业产出份额特别是相对于服务业产出份额的增加。从这个视角出发，对于美国再工业化战略的实施效果，也应该在关注制造业部门整体发展状况的同时，更多的对于制造业部门相对水平和地位的变化给予更多的关注。而从当前美国国内产业结构的构成来看，不但制造业在美国国民经济中的作用和地位没有明显提升，其他部门的产业构成也保持了相对稳定。这一点，在表3-2中体现得非常明显。从表3-2可以看出，金融危机的发生并没有在根本上改变美国国内的产业结构特征。在2007-2017年期间，大部分产业在国民经济中所占的比重都相对稳定。这一点，对于制造业而言也不例外。在金融危机尚未影响实体经济的2007年，制造业增加值在美国国内产出中所占的比重为12.8%。金融危机发生后，尽管制造业在美国国内产出中所占比重有所波动，但变化幅度不大。[①]2013年，美国实现制造业增加值2.03万亿美元，占国内生产总值的比重为11.9%，相对于2007年还出现了0.7个百分点的下滑。而到了2017年，在特朗普政府主政美国之后，制造业产出比重下滑的趋势并未得到遏制，制造业占国民产出的份额进一步下滑到了11.2%，比2007年下降了1.6个百分点。这说明，尽管美国政府针对制造业部门的发展采取了诸多内外政策，但相对于其他产业而言，制造业的发展并没有特别之处，其在美国经济中的地位也没有出现根本变化。事实上，在三维立体（3D）打印和新能源技术等新兴行业还不具备全面产业化所需条件的前提下，美国实体经济中短期内还不会出现高收益的新兴行业。在这个意义

---

① 事实上，在制造业内部，产业结构也保持了相对稳定。在2007-2013年间，几乎所有的制造业的产值比重变化都在0.1个百分点以内。

上来说，至少在中短期内，美国国内的产业结构和经济增长源泉还不具备根本调整的内在动力，美国经济增长的核心动力仍然来源于金融部门为代表的服务业的产出扩张。

表3-2　美国不同部门产业增加值占国内生产总值的比重

(单位：%)

国民经济部门	2007	2010	2013	2014	2015	2016	2017	2007-2017 变化
农林渔猎	1.0	1.0	1.3	1.1	1.0	0.9	0.9	−0.1
采矿业	2.2	2.0	2.3	2.4	1.4	1.2	1.4	−0.8
建筑业	4.9	3.5	3.5	3.6	3.8	4.0	4.1	−0.8
制造业	12.8	12	11.9	11.7	11.7	11.2	11.2	−1.6
批发业	5.9	5.9	6.2	6.2	6.3	6.0	6.0	0.1
零售业	6.0	5.7	5.7	5.6	5.6	5.6	5.5	−0.5
交通运输和仓储业	2.9	2.9	2.9	3.0	3.1	3.1	3.1	0.2
信息产业	4.9	5.0	4.9	4.8	5.0	5.2	5.1	0.2
金融和保险业	7.1	6.7	6.8	7.3	7.5	7.8	7.7	0.6
房地产及租赁业	12.6	12.9	13	12.9	13.1	13.3	13.3	0.7
专业和商业服务业	11.5	11.8	12	12.1	12.3	12.3	12.4	0.9
教育、健康和社会援助业	7.5	8.7	8.6	8.5	8.6	8.8	8.7	1.2
艺术、娱乐和食品服务业	3.7	3.7	3.9	3.9	4.1	4.2	4.2	0.5

注：数据来源于美国商务部经济分析局

(五)出口倍增计划已告失败

2010年初，作为再工业化战略的重要组成部分，奥巴马政府在政府国情咨文中提出旨在"缩减贸易赤字、实现经济增长、增加就业岗位"的出口倍增计划，争取在5年时间内实现美国对外出口的翻倍。这也就意味着，在2010-2015年期间内，美国对外出口的平均增长速度要维持在15%以上。事实上，在出口倍增计划提出之初，美国经济的确呈现出非常良好的出口增长态势。2010年和2011年的出口增速分别高达17%和

15%，制造业产品的出口增长速度则分别为19%和12%（图3-6），远远高于美国金融危机前的出口增长速度。但在进入2012年之后，美国对外出口的增长速度开始大幅下滑，2012年和2013年总出口的增长速度分别只有4%和3%，在2013年，美国制造业产品的对外出口更是只增长了14亿美元，增速只有0.1个百分点（图3-6），并导致了整个出口倍增计划的最终失败。从这个角度来说，以美国再工业化战略为代表的出口扩张政策对于美国制造业产品乃至整个出口的对外扩张而言，只具有短期解释力。在长期内，美国出口持续快速增长的动力仍然有所不足。这一点，也是与我们反复提及的美国赤字型经济增长模式相一致的。

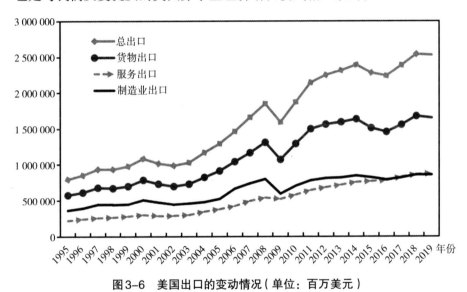

图3-6　美国出口的变动情况（单位：百万美元）

注：制造业产品的出口数据来源于联合国贸发会议数据库，其余数据来源于美国商务部经济分析局

三、美国对外经济结构的微调

如前所述，在缺乏重大的制度和技术创新的情况下，全球的经济格局和金融格局不会发生根本的调整，美国经济的增长模式也不会与全球

经济失衡时期呈现根本差异，商品进口下的需求扩张仍然是美国经济增长的必要动力。尽管如此，从以下几个方面来看，金融危机后，伴随着整体经济失衡的均衡化调整，美国的对外经济结构仍然出现了一些微小的变化。

（一）美国经常账户失衡国别结构的微调特征

在失衡的收益与风险进行权衡的过程中，失衡结构的调整可能是较为现实的选择。也就是说，如果既不想丢掉外部失衡对美国经济增长的动力源泉，又要防范失衡加剧下的风险累积，外部失衡的国别结构和产业结构调整将不可避免。因此，在金融危机后，美国的经常项目账户在呈现整体赤字的同时，内部的失衡结构仍然出现了一定程度的变化。这种变化除了体现为经常账户失衡水平向均衡方向的调整，还体现在美国对外贸易的地理结构和产业结构的变动上。

如果在一个较长的历史区间内对美国经常账户失衡的国别结构进行考察的话，我们可以发现在美国作为全球经济失衡中主要逆差国的地位没有发生变动的情况下，在失衡的另一端，顺差国的国别构成却在不断进行调整（表3-3）。美国外部失衡的变动更多是贸易失衡对象的转换，而不是贸易余额的逆转（廖泽芳和彭刚，2013）。举例来说，在1992年，美国经常账户失衡中75.38%源于对日贸易逆差，在此之后，日本顺差国的地位不断下降，中国、印度和墨西哥逐渐成为美国主要的顺差国。2009年，美国经常账户失衡中只有13.38%源于对日贸易失衡。与日本形成鲜明对比的是，中国逐渐成为美国外部失衡中最为重要的元素。2000年，美国对外失衡中只有21.15%来自对中国的贸易逆差，而在2007年，这一比例进一步上升到了40.16%。

更为重要的是，这样的一种变动趋势伴随着金融危机的发生进一步得到了强化。如果考察美国金融危机后，美国经常账户失衡调整的过程，可以看出，中国元素的重要性更为突出。伴随着美国金融危机的发生以及美国政府各种再平衡政策的推出，金融危机后美国的对外失衡开始进行调整。但从调整的国别结构看，英国、加拿大成为主要的调整对象，在危机发生前，这两个国家在很长一段时间内都是美国的逆差国。2006年，英国和加拿大在美国外部失衡中的比重分别达到1.73%和5.40%，但在金融危机后，这两个国家迅速转变为美国的顺差国，成为美国外部失衡再平衡的主要力量。而对于中国经济而言，尽管在危机发生前，中国已经是美国最大的逆差来源国，但在金融危机后，在美国再平衡政策实施的过程中，中国在美国外部失衡中的地位不降反增，占美国对外失衡的比重从2007年的40.16%迅速上升到了2013的97.59%。这充分说明，在美国进口市场选择的过程中，伴随着金融危机的发生，中国世界主要出口大国的地位不但没有得到削弱，反而得以加强，在某种程度上替代了其他国家的出口份额。这一事实，无疑是与我们上一章强调的中美经济的耦合增长特征相一致的。

表3-3　美国经常账户失衡的国别结构

年份	日本	中国	印度	韩国	墨西哥	英国	法国	德国	加拿大
1992	75.38	—	—	—	−4.93	13.25	−7.22	10.70	−6.58
1993	60.28	—	—	—	2.18	2.00	−1.24	8.33	−1.02
1994	49.72	—	—	—	1.24	9.97	1.04	9.91	2.25
1995	45.51	—	—	—	19.87	11.51	0.69	9.50	3.01
1996	33.47	—	—	—	19.26	8.23	0.68	10.33	5.35
1997	41.68	—	—	—	15.20	9.92	1.78	12.27	−1.16
1998	33.09	—	—	—	10.70	6.46	2.06	10.29	1.71
1999	26.69	24.11	1.99	2.63	9.71	6.11	2.37	9.36	3.77
2000	21.77	21.15	1.82	2.80	7.66	4.43	2.49	6.34	6.72
2001	19.57	22.36	1.58	3.00	9.43	5.96	2.97	5.30	7.02
2002	17.48	24.04	1.63	2.45	10.27	5.09	1.60	6.70	5.29

续　表

年份	日本	中国	印度	韩国	墨西哥	英国	法国	德国	加拿大
2003	13.90	25.23	1.44	2.34	9.75	4.00	1.86	7.81	5.72
2004	13.97	27.13	1.38	3.01	8.67	1.70	1.34	8.06	6.68
2005	12.97	29.44	1.62	1.79	8.07	2.47	1.73	7.72	6.98
2006	13.88	31.99	1.79	1.11	9.43	1.73	1.67	7.09	5.40
2007	15.08	40.16	1.75	1.19	11.82	0.55	0.15	6.58	4.71
2008	13.41	44.26	1.90	0.98	11.63	−1.18	0.85	8.39	3.97
2009	13.38	69.51	2.64	1.09	15.98	−4.52	2.39	10.23	−4.11
2010	17.40	70.29	3.82	0.43	17.70	−1.97	3.01	11.27	−4.78
2011	16.77	70.09	4.86	0.74	16.03	−1.99	3.11	13.70	−6.04
2012	21.77	79.89	6.33	1.27	16.56	−5.84	4.08	18.00	−7.18
2013	26.50	97.59	8.75	2.55	19.16	−5.86	4.06	22.74	−7.47
2014	22.44	94.39	9.14	3.82	19.11	−6.55	0.99	24.43	−4.44
2015	19.12	89.64	8.11	4.29	18.84	−11.40	5.56	18.92	−4.26
2016	19.78	84.87	8.41	4.11	20.73	−13.03	3.40	17.60	−4.66
2017	22.56	99.06	8.54	2.69	23.41	−16.08	2.93	19.68	−4.15
2018	17.50	90.94	6.50	1.54	21.36	−17.62	1.72	17.72	−4.06
2019	17.80	70.39	6.48	2.33	25.75	−15.81	2.28	16.57	−0.92

注：数据来源于美国商务部经济分析局。表中的单位为%。负号表示美国是对应国家的顺差国

（二）美国对外贸易产业结构的微调

对外贸易国别结构变动的基础在于贸易产业结构的调整，这一点，对于美国经济而言也不例外。为了对美国对外贸易产业结构变动的特征进行考察，我们进一步给出了2007-2018年美国不同部门出口贸易和进口贸易的变动情况，分别见表3-4和表3-5。

表3-4　美国出口商品结构的变动

（单位：%）

部门	2007	2010	2013	2014	2015	2016	2017	2018	变化
食品、种子和饮料	7.23	8.35	8.54	8.79	8.45	8.96	8.53	7.94	0.71
工业辅料和原料	27.15	30.11	30.90	30.61	27.67	26.60	29.50	32.02	4.88
农业部门	1.21	1.41	1.32	1.21	1.20	1.17	1.23	1.21	0.00
非农部门	25.94	28.71	29.57	29.41	26.46	25.43	28.27	30.81	4.88
能源产品	5.34	8.01	11.09	11.21	8.31	7.74	10.53	13.13	7.79
石油及相关产品	4.37	6.61	9.71	9.91	7.28	6.81	9.03	11.43	7.06
碳及相关产品	0.40	0.81	0.90	0.73	0.59	0.53	0.89	0.98	0.58
天然气	0.27	0.40	0.38	0.47	0.32	0.32	0.52	0.63	0.36
汽车以外的资本品	37.16	34.71	33.55	33.74	35.72	35.68	34.28	33.60	-3.57
用于消费之外的机械和运输设备	30.49	28.79	26.56	26.41	27.37	27.01	26.17	25.45	-5.04
汽车及相关配件	10.41	8.68	9.58	9.77	10.05	10.32	10.14	9.47	-0.94
汽车以外的消费品	12.52	12.78	11.80	12.13	13.06	13.26	12.66	12.26	-0.26
非耐用品	5.43	6.01	5.29	5.37	6.06	6.10	5.63	5.50	0.07
耐用品	7.09	6.77	6.51	6.76	6.99	7.16	7.04	6.76	-0.34

注：数据来源于美国经济分析局。表中的"变化"指的是2018年相较于2007年的变化

对于美国的出口商品而言，从表3-4可以看出，在金融危机后美国出口贸易结构的变动过程中，最为突出的一个特征就是能源产品特别是石油相关的能源产品出口贸易的大幅增长。2007年，美国能源产品出口622亿美元，在美国出口贸易中的比重为5.34%。而到了2014年，能源产品的出口上升到了1834亿美元，比2007年增长了195%，在整个出口贸易中的比重也上升到了11.21%。在2014年之后，能源产品在美国出口贸易中的比重有所下降，但在2017年之后再次呈现上升之势，2018年，能源产品在美国出口贸易中的比重为13.13%，比2007年上升了7.79个百分点。能源产品出口的快速扩张可能与美国国内能源产品需求和供给两方面的因素有关。一方面，金融危机的冲击和能源利用效率的提高使得美国国内能源的需求水平出现了下降。另一方面美国国内包括生物燃料在

内的国内燃料产量增加以及能源开采技术的进步也使得国内的能源供给相对充足。在能源产品出口大幅增长的同时，汽车以外的资本品特别是用于消费之外的机械和运输设备的出口份额却在大幅下降。2018年，汽车以外资本品的出口在美国总出口中的比重为33.6%，比2007年下降了3.57个百分点。美国出口贸易结构的变动特征很好地反映了美国在当前世界经济分工中的角色。作为一个全球生产要素的配置者，美国在全球范围内进行产品生产的布局。相对于其他产品，能源产品的生产具有明显的资源依赖型特征，对应的生产要素的跨国流动性相对较差。在无法将这些产品的生产进行跨国转移的背景下，美国最终成为这些商品的生产方和出口国。

表3-5　美国进口商品结构的变动

（单位：%）

部门	2007	2010	2013	2014	2015	2016	2017	2018	变化
食品、种子和饮料	4.18	4.77	5.06	5.32	5.66	5.94	5.89	5.80	1.62
工业辅料和原料	32.64	31.47	29.93	28.32	21.66	20.02	21.59	22.71	−9.94
农业部门	0.45	0.53	0.60	0.56	0.52	0.51	0.52	0.49	0.04
非农部门	32.20	30.94	29.33	27.76	21.14	19.51	21.07	22.22	−9.98
能源产品	19.63	19.71	17.86	15.83	9.43	7.98	9.06	9.94	−9.70
石油及相关产品	17.45	18.24	16.90	14.82	8.68	7.23	8.38	9.34	−8.11
碳及相关产品	0.13	0.11	0.15	0.09	0.10	0.14	0.10	0.06	−0.07
天然气	1.61	0.96	0.51	0.65	0.40	0.33	0.37	0.32	−1.28
汽车以外的资本品	22.61	23.23	24.36	25.10	26.71	26.89	27.28	27.16	4.55
用于消费之外的机械和运输设备	20.65	21.48	22.08	22.57	23.96	24.36	24.88	24.76	4.12
汽车及相关配件	13.01	11.64	13.49	13.81	15.40	15.90	15.24	14.56	1.55
汽车以外的消费品	24.15	25.02	23.23	23.42	26.24	26.50	25.61	25.36	1.20
非耐用品	10.85	11.65	10.67	10.89	12.46	12.65	11.87	12.14	1.29
耐用品	13.30	13.37	12.56	12.53	13.78	13.85	13.74	13.22	−0.09

　　注：数据来源于美国经济分析局。表中的"变化"指的是2018年相较于2007年的变化

对于进口贸易结构而言，从表3-5可以看出，金融危机后美国进口贸易结构的变动与出口贸易结构的变动趋势高度吻合，突出地体现为能源产品进口比重的大幅下降以及汽车以外的资本品进口比重的大幅上升上。相对于2007年，能源产品的进口比重下降了9.7个百分点，能源产品进口从2007年的3900亿美元逐渐下降到2018年的2541亿美元。在能源产品进口需求减少的同时，汽车以外的资本品、汽车相关配件的进口却在不断增长。2007年，汽车以外的资本品的进口只有4491亿美元，到了2018年，这类商品的进口增加到6947亿美元，占美国总进口的比重也从2007年的22.61%上升到了2018年的27.16，增长了4.55个百分点。

（三）美国经济再平衡调整下的"逆全球化"倾向

除去对外经济失衡的国别结构以及对外贸易的产业结构的变动之外，金融危机之后，在美国经济失衡调整的过程中，美国经济内部还出现了一定的"逆全球化"倾向。

1. 消费层面国内产品消费对进口产品消费的替代

伴随着美国制造业部门的对外转移，美国国内产品消费特别是耐用品消费与产出之间的缺口不断增大，对进口产品的消费需求逐渐上升，进口产品在居民商品消费和总消费中所占的比重也在不断增加。为了更好地考察金融危机前后，进口商品消费在美国居民消费中的作用，图3-7给出了美国居民进口商品消费在商品消费以及总消费中所占比重的变动情况。从图3-7可以看出，2008-2009年美国金融危机发生后，进口商品消费在美国居民消费中持续提高的趋势被打破。在2009年，进口产品无论是占商品消费的比重，还是占总消费的比重都有所下滑。这说明在金融危机时期，进口需求的衰减要大于国内消费需求的减少。2010年以后，伴随着美国经济和世界经济的逐渐复苏，进口产品消费在总消费中的比重陆续走高，似乎又在延续金融危机之前的持续上升的趋势。但到了2012年，美国居民消费中源于国内产品的消费比重开始上升，进口产品消费无论在商品消费还是总消费中所占的比重都开始出现下降的趋势，呈现出一定的国内产品消费对进口产品消费的替代特征。

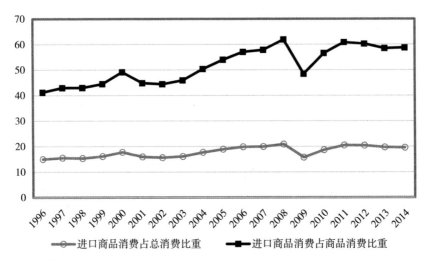

图3-7　美国居民对进口商品消费的变化情况（单位：%）

注：进口商品消费的数据来源于美国 TIC 贸易数据库，消费数据来源于美国经济分析局

2. 生产层面对外投资向国内投资的转换

与消费领域类似，同样的变化趋势也出现在投资领域。如前所述，在全球经济失衡的大背景下，以资本"大进大出"为主要特征的国际资本的双向循环流动成为美国和世界经济收益实现的现实载体。中心国家通过发行政府债券的形式在市场上获得廉价融资，这些美元资产在通过金融市场进行重新配置后，又以直接投资和股权投资的形式回流到外围国家。这样一种资本的流动形式虽然带有明显的利益分配不对等特征，但从利益实现的角度来说，对外直接投资的流出既是美国制造业对外转移的现实载体，也成为推动外围国家经济增长的有力手段。因此，在经济

全球化的深化时期，美国的对外直接投资流出一直呈现稳定的上升趋势。但金融危机后，相对于美国国内投资，美国对外直接投资的增长相对缓慢，呈现出一定的对外投资向对内投资的转换趋势。图3-8给出了美国对外直接投资相对国内投资的增长情况。从图3-8可以看出，在2010年之前，美国对外直接投资的增速一直远远高于国内投资增速，美国经济呈现出非常鲜明的外向型特征，成为美国经济参与经济全球化的重要方式。但从2010年开始，对外直接投资和国内投资的增速对比开始出现逆转，对外直接投资增速转慢，国内投资规模则开始快速增加，在投资领域国内投资对国外投资呈现出一定的替代特征，说明在投资流向的选择中，海外市场的重要性在相对下降。

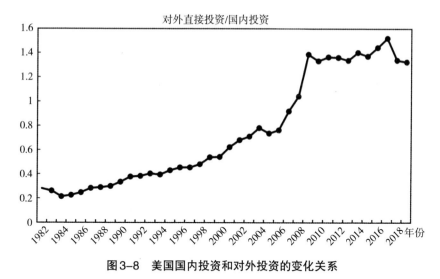

图3-8 美国国内投资和对外投资的变化关系

注：数据来源于美国商务部经济分析局

3. 对外贸易依存度的不断下降

与美国国内消费和投资的变化趋势相一致，在2010年以后，在消费和投资逐渐转向美国国内的背景下，美国的对外贸易依存度也开始不断下降。从图3-9可以看出，进入20世纪90年代之后，除去金融危机以及纳斯达克股票泡沫破灭时期，美国的对外贸易依存度一直呈现出稳定上升的趋势，对外进出口总额占国内生产总值的比重也从1992年的不到20%逐渐上升到了2011年的31%。但从2011年之后，对外贸易依存度单向上升的趋势有所改变。在美国整体经济状况逐渐走强的同时，美国的对外贸易依存度却呈现出一定的下降趋势。这种趋势伴随着中美贸易摩擦的出现进一步得到了加强。2018年，美国对外进出口总额占国内生产总值的比重仅有27%，比2011年低了4个百分点。同时，需要提及的是，美国对外贸易规模的下降不但体现在相对产出的比重上，还体现在绝对的贸易水平的萎缩上。与2014年的对外贸易总额相比，美国2015年和2016年的对外贸易总额持续下降，只是在2017年之后才有微弱的反弹。因此，结合美国对外贸易规模特别是贸易依存度的变动情况来看，再平衡下的美国经济在一定程度上呈现出回归封闭经济的特征。

图3-9　美国对外贸易依存度的变化趋势

注：数据来源于美联储圣路易斯分行

四、美国经济再平衡下世界经济增长的乏力

鉴于美国经济在世界经济分工体系中的重要作用，美国经济失衡的再平衡调整不但会直接影响美国的对外贸易结构以及经济增长，还会通过直接或者间接的渠道进一步影响世界经济的发展。这其中，有关世界经济增长前景的讨论是美国金融危机后学界和政府当局最为关注的话题。

（一）美国经济的再平衡调整与世界经济增长

美国经济失衡以及再平衡政策的动态变化实质上是对于增长收益和增长风险之间的权衡取舍，其结果一定是符合特定时期美国经济的整体利益的。但问题在于，作为世界经济的中心国家，美国经济政策的调整必然会产生非常明显的溢出效应。当美国的反危机政策作为政策主导时，在缺乏重大的技术和制度创新的背景下，世界经济的增长模式一定会沿袭危机前失衡增长的老路，而源于金融服务业和制造业的收益也依然是中心国家和外围国家主要的增长来源。此时，中心国家和外围国家的经济利益相对一致，世界经济也将从美国宏观政策的正外部性中获益。但另一方面，当美国以再工业化为代表的再平衡政策作为政策的主导时，伴随着美国经济重心从金融服务业向制造业部门的转换，至少在短期内，外围国家很难形成新的比较优势来源，中心国家的个体利益将会与世界经济的整体利益产生冲突，世界经济增长的前景并不会伴随着美国经济的复苏而变得更好。问题在于，美国单方面的政策调整只是带来了中心国家和外围国家在利益实现机制上的冲突，并不必然表现为中心国家在经济增长状况上的单方向好。那么，为什么从金融危机后各国经济的现实实践看，美国的经济复苏表现得要更为强劲呢？我们认为，当前世界经济复苏过程中美国一枝独秀的根源仍然在于其在服务业和制造业部门的双重优势以及外围国家依附式发展的天生弊端。

　　一方面，虽然从表述形式上，再工业化以及制造业重振等措辞都强调了去工业化背景下，美国制造业竞争力的重新回归。但事实上，虽然制造业在美国国内产出中的份额在不断下降，但从全球范围来讲，其并没有真正失去绝对的制造业竞争力。恰恰相反，在很长一段时间内，美国都可以说是世界上制造业竞争力最强的国家。从产业增加值来看，在2010年之前，美国一直是全球制造业增加值最大的国家。只是在2010年之后，美国制造业全球第一大国的地位才被中国替代，成为制造业产出仅次于中国的国家。但即便如此，在全球制造业的产出份额中，当前美国制造业增加值在全球制造业增加值中所占的比重仍然接近20%。①。也就是说，就单纯的竞争力而言，美国无论是金融服务为代表的服务业部门还是制造业部门都拥有着绝对的竞争力，只不过从相对角度出发，美国的金融服务业拥有着更为明显的比较优势而已。这也就意味着，如果美国以制造业部门的重振作为再平衡调整的主要政策，在短期放弃金融服务业的情况下，美国仍然可以在制造业领域形成全球范围内的绝对竞争力。事实上，也正是美国在服务业和制造业部门的这样一种双重优势才使得美国在短期再平衡调整的过程中仍然可以维持较高的经济增速。

　　另一方面，对于外围国家而言，情形则恰恰相反。从美国经济结构国内调整的过程来看，在美国金融中心地位日益巩固的背景下，通过制造业部门的对外转移，美国逐渐将国内资源集中于服务业部门。而外围国家则逐渐承担了制造业部门生产的收益，在促进本国经济增长的过程中，也向中心国家居民消费和企业生产提供了廉价的商品和资本供给。在这样的一个过程中，外围国家的经济增长实质上得益于中心国家产业结构高端化调整过程中落后产能的淘汰。虽然在绝对收益的角度存在着利益的实现机制，但就利益的分配机制而言，外围国家一定是相对利益较小的一方。更为关键的是，虽然外围国家在长期内存在着产业结构升

---

① 数据来源于世界银行世界发展指数数据库。

级和国家超越的内在动力，但由于技术和创新能力的限制，其并不能准确判断和引领技术创新和产业升级的方向，只能在短期内依附于中心国家的产业结构调整。当中心国家产业调整趋于高端化之后，外围国家的产业升级空间相应增加。而当中心国家产业结构升级乏力甚至出现对传统部门的回归需求时，在不存在额外竞争优势部门的情况下，外围国家依附式增长的天然缺陷会进一步暴露，产出收缩的状况也将变得更为严重。

（二）世界经济长期增长的趋势性下滑

伴随着美国经济再平衡的调整，世界经济的增长前景也不容乐观。事实上，在美国金融危机发生多年之后，世界经济仍未呈现全面复苏的迹象。在这样的背景下，美国经济学家萨默斯（Summers）在2013年国际货币基金组织经济论坛上再次提及汉森（Hansen，1939）等提出的世界经济长期停滞的概念，认为在经济增长长周期的作用下，世界经济的长期停滞将不可避免（the defining issue of our age），从而开启了长周期视角下对于世界经济长期停滞的再次讨论。在就世界经济增长的前景进行回答之前，我们首先就直观地考察一下世界经济长期增长的趋势性变化。

"停滞"是一个相对概念，主要指的是实际产出水平低于潜在的产出水平。在具体分析时，由于潜在产出水平难以准确地估计，因此我们基于之前世界经济长期增长的趋势，就当前世界经济的增长状况进行评估。图3-10给出了世界经济实际产出以及基于不同时期产出增长趋势的预测产出的变化情况。[①]

从图3-10可以看出，实际的产出水平（图中黑色实线）在绝对多数年份都位于图形的最下方，并且小于基于20世纪80年代特别是20世纪

---

① 这里所说的预测产出的变化是一个估计值，指的是世界经济按照原有的增长速度增长的产出轨迹。

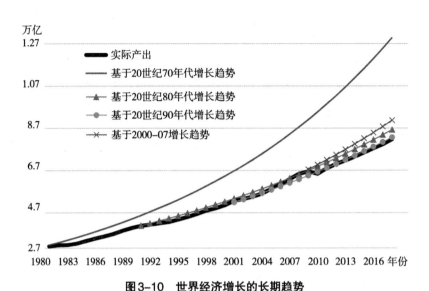

图3-10　世界经济增长的长期趋势

注：作者根据世界银行世界发展指数数据库的数据计算，图中数据对应的是以2010年为基期的美元数据

70年代的增长速度所预测的产出水平。这说明在一定程度上当前世界经济的增长相对于20世纪70年代和80年代而言，其产出趋势已经有所下滑。事实上，20世纪70和80年代世界经济的平均增长速度在历史上并不是最快的，这一时期的平均增速只有2%左右，还低于20世纪50年代到70年代3%左右的世界经济平均增速。[①] 从这个角度上来说，有关世界经济长期停滞的观点并非杞人忧天，与20世纪80年代之前的世界经济相比，当前世界经济的长期增速已经明显下滑。但与此同时，也应该看到的是，世界经济实际的产出水平与基于20世纪90年代增速所预测的产出水平非常接近，并且在金融危机发生前的时期内还高于20世纪90年代甚至20世纪80年代的趋势性产出。因此，有关世界经济陷入长期停滞的结论还应该慎重得出，即便在金融危机之后，当前的世界经济增长趋势至少还延续了20世纪90年代以来的增长态势，比20世纪80年代以来的增

---

① 此处数据根据 Maddison Project 数据库中实际产出的数据计算得出。

长趋势也只低了5.5个百分点，现在产出水平的下降更多的还是来自2008年金融危机的影响。伴随着金融危机后主要经济体的复苏，世界经济还存在着进一步增长的可能。[①] 只不过从现有的数据来看，金融危机的影响还普遍存在，世界经济的复苏至少在当前阶段仍然存在着很大的不确定性。

（三）从世界经济增长的源泉看未来世界经济增长的动力

在就世界经济的整体增长状况进行考察的基础上，我们进一步将世界经济增长的源泉进行分解，进一步就未来世界经济增长的动力进行分析，具体的结果见表3-6。

表3-6　世界不同国家和地区经济增长的源泉分解

国家和地区	劳动增长率			全要素增长率		
	1990-99	2000-07	2008-17	1990-99	2000-07	2008-16
欧洲国家	-0.2	1.0	0.3	0.1	0.4	-0.6
拉美国家	2.1	2.5	1.6	-0.2	0.2	-1.3
中东和北非国家	3.0	3.3	2.7	-0.4	0.0	-2.0
俄罗斯、中亚和东南欧洲国家	-1.1	0.8	0.6	-3.7	4.9	0.5
撒哈拉以南非洲国家	2.7	2.8	3.3	-1.3	2.1	0.2
发达经济体	0.5	0.9	0.5	0.2	0.5	-0.3
日本	0.4	0.1	0.2	-1.1	0.1	-0.2
美国	1.3	0.9	0.6	0.8	0.8	0.0
经合组织国家	0.9	1.0	0.8	0.2	0.4	-0.4
新兴市场和发展中国家	1.6	1.6	1.3	-0.8	1.7	-0.2
中国	1.4	0.7	0.3	1.2	2.6	0.2
世界	1.4	1.5	1.2	-0.2	1.1	-0.2

注：作者根据 Conference Board-Total Economy Database 数据库中数据计算而得

[①] 在后文的分析中，我们对于世界经济进一步增长的可能进行了分析，结论还是相对悲观的。

结合表3-6的数据，我们可以发现，在将世界经济增长进一步在劳动力就业和生产率增长两个层面分解之后，未来世界经济增长的前景还是存在一定的隐忧。具体来说，就世界经济中劳动力的投入而言，虽然金融危机后劳动力投入的增速仍为正值，但与金融危机之前的增速甚至20世纪90年代相比，已经有所降低。这一点，并未因经济发展阶段的不同和地区差异有明显的变化。在全要素生产率的增长方面，情况则更加严峻。在2008—2016年期间，世界经济平均的全要素生产率增长已为负值，远远低于美国金融危机之前的生产率增长。这一点，其实是与戈登（Gordon，2015）的担忧相对应的。也就是说，即便全要素生产率增长的恶化并不能被完全证实，但生产率的增速确实已经处于历史低位，世界经济未来增长的前景不容乐观。

（四）世界经济增长的分化特征

世界经济的整体增长并不必然意味着不同国家和地区的同时获益。在世界经济的增长存在着显著的区域差异的条件下，分配性矛盾的出现和加剧也会在一定程度上影响世界经济的长期增长。因此，接下来，我们在就世界经济的整体增长状况进行考察的基础上，进一步分析世界经济增长过程中的区域分化特征，具体的分析结果见表3-7。

从表3-7可以看出，在世界经济整体增长的基础上，不同国家和地区的经济增速仍然存在着显著差异。在金融危机后，发达经济体、新兴市场和发展中国家的平均增速分别为1.3%和4.6%，差异仍然非常明显。同时，这种差异也存在于不同发展阶段的国家内部。美国虽然较早受到2008年金融危机的影响，但复苏态势相对强劲，危机后的平均增速在发达国家内部仍然处于领先水平。相对而言，欧洲国家和日本的经济复苏相对缓慢，危机后的平均增速还不到1%。同样的情形也发生在发展中国家内部。中国经济虽然近年增速有所下滑，但仍然维持了相对较高的增速，而拉美国家、俄罗斯、中亚和东南欧洲国家的增速则相对有限。

同时，比较不同时期世界经济增长的非均衡特征，我们还可以发现如下的两个变化。一方面，世界经济增长分化的局面主要形成于21世纪之后，在20世纪90年代，发达经济体以及新兴市场和发展中国家的平均增速并无显著差异，发达经济体的整体增速甚至还略微高于新型市场和发展中国家的整体增速。只是在进入21世纪之后，以中国为代表的新兴市场国家快速崛起，逐渐成为世界经济格局中的重要力量，发达经济体和发展中国家之间的增长差异才逐渐有所体现。另一方面，20世纪90年代信息和通讯产业的繁荣极大地推动了美国经济的长期增长，使得美国成为世界经济增长版图中表现最好的国家之一。但在进入21世纪之后，正如费纳尔德（Fernald，2015）所言，伴随着信息和通信技术革命对生产率增长的促进作用的消失，美国经济的长期增速开始有所下滑，世界经济增长的红利开始更多的向发展中国家以及其他发达国家倾斜。世界经济增长的区域分化特征以及增长差异的动态变动在反映世界经济增长过程中红利分配的动态变化的同时，也必然会在一定程度上带来和加剧不同国家之间的分配性矛盾。这一点，构成了未来世界经济发展过程中的不安定因素。

表3-7 世界不同国家和地区的经济增长状况

国家和地区	1990–1999	2000–2007	2008–2017
欧洲国家	1.8	2.6	0.9
拉美国家	2.8	3.6	1.9
中东和北非国家	3.0	5.3	3.2
俄罗斯、中亚和东南欧洲国家	-3.8	7.0	2.4
撒哈拉以南非洲国家	1.7	5.7	4.4
发达经济体	2.7	2.9	1.3
日本	2.4	2.0	0.7
美国	3.6	3.0	1.6

续　表

国家和地区	1990–1999	2000–2007	2008–2017
经合组织国家	2.8	2.8	1.4
新兴市场和发展中国家	2.5	6.4	4.6
中国	6.3	9.6	6.7
世界	2.6	4.4	3.0

注：作者根据 Conference Board-Total Economy Database 数据库中数据计算而得

五、本章小结

本章主要围绕世界经济再平衡调整下美国经济和世界经济出现的变化进行分析。

本章认为，伴随着世界经济的再平衡调整，美国经济虽然依然保留了经济失衡时期的经济增长模式，但与此同时也出现了一些结构上的微调。这其中，最为明显的是美国国内"逆全球化"倾向的出现。这不但体现为美国对外贸易依存度的下降，也反映为国内商品消费对进口商品消费的替代，以及对外直接投资向国内投资的转换。

与此同时，再平衡调整也带来了世界经济增长的分化以及经济增速的下降。尽管世界经济陷入长期停滞的证据并不直接，但世界经济增长过程中全要素生产率的逐渐走低、危机后反弹力度的不足等特征仍然预示着当前世界经济增长的乏力。

第四章 经济停滞与中心国家全球化意愿

化意愿

4

在上一章的讨论中，我们认为，伴随着美国经济失衡的均衡化调整，世界经济长期增长的前景不容乐观。即便没有充分的证据表明世界经济已经进入了增长的长期停滞，但世界经济增长乏力却是基本的事实。对于世界经济增长放缓的原因，大体来看，现有的研究主要在供给和需求两个层面对世界经济增长的前景进行了判断。这其中，供给层面的研究主要侧重于对世界经济的潜在产出和影响潜在产出的因素进行评估（Gordon, 2012, 2014, 2015; Fernald, 2015; Pagano and Sbracia, 2014; Mokyr, 2014等），而需求层面的研究则较多的关注于实际利率走低所导致的潜在产出和实际产出的偏离（Summers，2014, 2014, 2015, 2016; Glaeser, 2014等）。应该说，当前对于世界经济长期增长的分析做出了许多有益的探索，但从结论来看，对于世界经济是否已经陷入"长期停滞"学界还存在着一定的争论。更为重要的是，从现有研究的分析视角来看，现有研究视角主要局限于封闭经济情形，较少考虑当前世界经济的开放经济属性以及美国经济失衡的外部特征。在全球经济一体化走向深入的今天，对于开放经济特征考虑的不足有可能会得出有偏颇的结论。

对此，在本章，我们从经济全球化以及经济失衡的视角加以切入，进一步围绕世界的长期运行趋势进行讨论。同时，更为重要的一点是，我们进一步讨论在世界经济增长乏力的背景下，作为中心国家的美国参与经济全球化的意愿是否会发生变化。这一讨论在丰富了世界经济运行特征变化的后续影响的同时，也为下一章中美贸易摩擦的分析提供背景支持。我们认为，虽然传统的观点认为经济全球化会通过促进分工专业化、规模经济等多种渠道推动世界经济的长期增长，但经济全球化的发展仍然面临着天然的边界约束，经济全球化不可能无限制的深化发展。在经济全球化达到一定水平之后，经济全球化对世界经济增长的促进作用将会有所减弱，而抑制作用则有所增强。当经济全球化的红利难以覆盖经济全球化所带来的成本时，中心国家经济全球化的意愿会随之逆转，而这又会进一步挤压世界经济的增长空间。

一、当前有关世界经济长期增长的争论

基于第三章世界经济增长的典型事实，我们认为，虽然并没有明显的证据表明世界经济会陷入增长的长期停滞，但当前世界经济增长趋势相对于20世纪80年代特别是70年代的明显下滑，以及危机后经济反弹力度的不足，仍然预示着当前世界经济增长前景的黯淡。如果将我们的结论与现有研究做一个比较，我们还可以发现既有研究支持我们的结论，也有研究对世界经济的长期增长表示了乐观。事实上，对于世界经济是否会陷入长期停滞这一观点还存在着很大的争论。大体来看，现有的研究主要在供给和需求两个层面对世界经济增长的前景进行了分析。

（一）长期经济增长的供给分析

有关世界经济长期增长的第一类分析主要关注长期增长的供给层面，[①] 重点讨论影响潜在产出增长的因素，即通过分析生产率的变化以及包括创新、技术、知识等在内的要素投入的变化来对潜在产出增长的状况加以考察。

[①] 从分析的主体来看，鉴于美国经济在世界经济中的地位，对于美国经济是否陷入长期停滞的讨论是最重要的议题。除此之外，对于欧元区和日本等发达经济体是否陷入"长期停滞"的讨论也有大量的学者在讨论（Belke and Klose, 2017; Botta, Tippet, and Onaran, 2018）。具体分析时，考虑到美国经济在世界经济中的地位，有关世界经济长期增长的争论我们较多地梳理了对于美国经济增长前景判断的研究。

这其中，戈登（Gordon，2012，2014，2015）通过对美国经济增长状况的长期考察，认为美国的产出边界在20世纪中期达到峰值之后，已经处于向下增长的区间。对于其中的缘由，除去数字革命进入收益递减阶段所导致的低生产率之外，产出的增长还面临着人口、教育、不平等和政府债务规模的限制，在人口增长速度放缓、平均教育水平提升空间有限、收入差距加大以及财政政策不可持续的条件下，美国经济的长期增长将变得愈发困难。韦纳尔德（Fernald，2015）也认为20世纪90年代和21世纪初期信息和通信技术革命对生产率增长的促进作用已经消失，同时强调生产率的下降主要集中在生产和密集使用信息技术的部门。约根松（Jorgenson）、霍（Ho）和塞缪尔斯（Samuels，2014）则从另外一个角度表达了对美国长期经济增长的担忧。他们认为，由于美国劳动力质量的增长速度已经放缓，即便此时科技创新能够快速增长，劳动力采纳和应用新技术的能力也难以跟上。

相对于以上学者对未来经济增长的悲观预期，帕加诺（Pagano）和斯布拉恰（Sbracia，2014）以及莫基尔（Mokyr，2014）对于未来的技术进步和产出增长给予了相对积极的判断。帕加诺和斯布拉恰（2014）认为悲观学派的错误并不是使用了错误的理论和数据或者未能预期到新的技术创新，而是因为他们低估了已经存在的信息技术的潜力。莫基尔（2014）则认为，信息通信技术、生物技术和新材料技术将会对现有世界产生革命性的影响。新兴技术对于产出的增长并不仅仅在于对生产率的直接贡献，更重要的还在于对产出增长产生巨大影响的间接收益，只不过这些间接影响在数据统计中没有体现出来而已。莫基尔（2014）认为，即便快速的技术进步难以获取，长期停滞中也总会存有技术创新的机会。格莱塞（2014）对于莫基尔（2014）的观点给予了支持，认为过去十几年期间的创新远非早些年代能够相比，对于经济增长停滞的担心不必过于夸大。但是与此同时，格莱塞（2014）也认为当前的创新并不会带来普遍的福利改善，"如果说20世纪90年代之前的发明带来了所有群体福利的普遍提升的话，现有的创新可能只会导致少数人的状况变得更好"。从这个角度来说，正如鲍德温（Baldwin）和特林斯（Teulings）（2014）所指出的，虽然格莱塞（2014）并未将当前创新的差异性福利效应与经济增长的长期停滞进行直接关联，但与戈登（2012，2014）所强调的收入差距拉大对增长的限制作用仍然存在一定的联系。

（二）长期增长的需求分析

在供给层面就经济增长的长期前景进行分析的学者关注的是潜在产出绝对水平的高低。除此以外，还有一部分学者将关注的重点放在了实际产出与潜在产出的相对差异上，认为未来产出下降的主要原因在于实际产出长时间的低于潜在的产出水平。因此，这样的一种思路无疑带有鲜明的有效总需求不足的分析特征。

至于实际产出低于潜在产出的原因，以萨默斯（Summers，2014，2014，2015，2016）为代表的研究认为极低的实际利率水平是最为主要的原因。在他的一系列研究中，萨默斯认为，在进入21世纪之后，美国的自然实际利率持续走低至 –2% 或 –3% 的极低水平。极低的实际均衡利率极大地限制了中央银行的货币政策空间。在名义利率零值边界的约束下，低通胀下的充分就业目标的实现也将愈加困难。同时，极端的低利率水平以及中央银行非常规货币政策的使用还会通过增加投资风险、借贷风险以及"旁氏"金融结构的方式带来金融不稳定的增加。事实上，正如萨默斯（2014）所言，在低利率条件下，货币政策将实际产出维持在潜在产出水平以实现充分就业的目标将变得艰难，即便能够实现，也是以金融不稳定为代价的。[①]

---

① 对于宏观政策的效应，萨默斯（2018）认为在低利率条件下，相对于货币政策，财政政策在提高就业和维护金融稳定上的作用要更为明显。

　　而对于实际利率水平较低的原因，我们也可以大体上在资金的供给和需求两个层面得到相应的解释。在资金的供给层面，艾格森（Eggertsson）和梅赫罗特拉（Mehrotra，2014）以及艾格森、梅赫罗特拉和罗宾斯（Robbins，2019）认为，老龄人口的增加、人口出生率的下降、收入差距的加大以及生产率的缓慢增长，使得人们更多的选择储蓄来平滑消费，这导致了可贷资金供给量的增加。除此之外，以布兰卡德（Blanchard）、佛瑟端（Furceri）和佩斯卡托里（Pescatori，2014）、艾格森等（2016）为代表的一些学者还注意到了当前的经济全球化环境，认为中国为代表的新兴经济体积累了大量的外汇储备，在缺乏好的投资工具的背景下，这些过剩的储蓄以购买发达国家安全资产的形式流入发达国家并进一步压低了发达国家的市场利率。在资金的需求层面，格莱塞（2014）和萨默斯（2014，2014）都强调了高增加值服务业资金需求上的特殊性。他们认为，由于诸如谷歌、微软等高增加值服务业的发展并不需要过多的投资，这使得资金需求曲线向左移动。同时，金融危机的去杠杆效应以及资本品价格的持续下降更是加重了这一趋势（斯韦茨Thwaites，2015）。因此，在供需两方面力量的共同作用下，实际利率水平不断趋于下降。布兰卡德、佛瑟端和佩斯卡托里（2014）甚至明确指出，在影响资金供需背后的因素未发生实际改变的情况下，这样的一种实际利率的下降趋势很难得到逆转。只不过，在后续的研究中，他们似乎又表达了相对乐观的观点。举例来说，布兰卡德、罗伦佐尼（Lorenzoni and L'Huillier，2017）认为低利率只是一个短期现象，当前较低的自然利率源于人们对未来的悲观预期，在悲观预期调整之后，需求及利率水平自然会得到提升。

　　现有研究得出了许多有益的结论，但仍然存在着一定的不足。就实际经济增长的影响而言，现有研究考察的主要是潜在产出的边界或者宏观经济政策在缩减产出缺口中的作用，而忽略了全球范围内的资源配置在世界经济增长的作用。也就是说，即便是每个国家的技术能力、资源禀赋以及产出缺口既定，世界经济也有可能在全球范围内通过壁垒削减和资源的进一步配置来实现世界经济的整体增长。反之，在世界经济的资源配置功能受到削弱的背景下，即便是一国的技术水平和要素投入有所提升，其对世界经济增长的贡献也是有限的。遗憾的是，这样一种开放视角下对于世界经济增长前景的分析是相对匮乏的。少数的在开放条件下就世界经济增长前景的讨论也主要基于早期的储蓄过剩理论，难以反映当前世界经济发展的重要特征和未来趋势。因此，在接下来的分析中，我们尝试纳入世界经济的开放经济属性，在全球经济一体化的背景下，就当前世界经济增长乏力的原因以及未来世界经济的增长前景进行进一步的讨论。

二、经济全球化的边界约束与全球化红利的创造空间

经济全球化的实质是市场边界从国内向国际的拓展，在市场边界扩张的过程中，为了满足经济活动扩张的需要，商品和要素流动的障碍以及其他的政府管制措施逐渐消除，市场在资源配置中的作用得以提升。因此，在这个角度上来说，作为社会大生产的产物，市场经济在更大的市场边界下可以更好地对全球范围内的资源加以配置，从而进一步带来经济全球化红利的产生。但是需要注意的是，在市场边界扩大的过程中，市场的盲目性、波动性以及分配的不公平性不但不会在经济全球化的过程中消失，相反，伴随着经济全球化的深入，市场机制在资源配置上的缺陷还会得到进一步的体现，这无疑会限制经济全球化红利的产生，从而对世界经济的长期增长产生抑制效应。在这个意义上说，经济全球化的过程在伴随着利益的创造效应的同时，也面临着相应的来自不同国家的阻碍。我们认为，对于当前的世界经济而言，全球化对全球经济增长

的促进效应已经有所减弱，而阻碍作用却在慢慢形成。

（一）贸易自由化的边界约束逐渐收紧

就经济全球化演进的历程而言，虽然在20世纪90年代以后，经济全球化的进程明显加速，但真正意义上的经济全球化可以追溯到20世纪50年代。自欧洲美元市场出现以来，经济全球化的进程便在不断持续走向深入。伴随着商品和要素流动障碍的逐步消除，国际贸易和跨国资本的流动规模也在不断增加。事实上，正是由于市场边界的不断扩张才使得经济全球化的红利不断产生，并继而使得全球化成为推动世界经济增长的重要力量。问题在于，市场边界的扩张并不是无限的，在市场边界的进一步扩张面临约束的条件下，全球化红利的实现也将变得愈发困难。至少从当前经济全球化的政策空间来看，市场边界进一步扩张的政策空间已经相对有限。

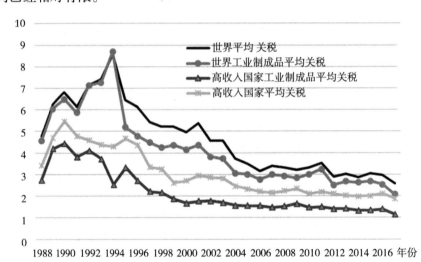

图4-1　世界平均关税的变动情况

注：图中数据由作者根据WITs-Trains数据库中的数据计算，关税指的都是一国经贸易额加权的加权平均关税

图4-1给出了20世纪80年代末以来世界平均关税的变动情况。从图4-1可以看出，在20世纪90年代之后，特别是在1994年乌拉圭多边贸易回合谈判之后，经济全球化的进程显著加快，限制商品流动的关税水平不断走低。世界平均关税从1994年的8.6%逐渐下降到了2017年的2.6%，工业制成品的关税更是从1994年的8.7%下降到了2017年的2.1%。关税水平的不断下降在为持续的全球化红利的增长创造了条件的同时，在零关税水平的边界约束下，也意味着市场边界扩张的政策空间已经越来越小。事实上，在2017年，在全世界进口的所有商品中，已经有54%的产品实现了零关税，工业产品中零关税产品的比重则达到了55%。对于高收入国家而言，其对外贸易政策进一步宽松的空间更是相对有限。2017年，高收入国家的进口平均关税只有1.9%，实施零关税产品占全部进口商品的比重达到67%，工业制成品的平均进口关税只有1.2%，实施零关税产品的比重则接近70%。因此，从这个角度来说，至少对于商品贸易而言，未来的贸易政策空间已经非常有限，通过贸易自由化政策来进一步释放全球化的红利将变得愈发困难。

（二）全球市场进一步边界扩张的困难

在商品贸易的世界平均关税已经较低的背景下，未来全球市场的边界扩张还存在着两种可能的路径。

第一个可能的路径是进一步就当前高关税产品的关税问题展开贸易谈判，进一步降低这些产品的关税水平。这一点，也是多边贸易体系多哈回合谈判的重要议题之一。但从结果来看，伴随着多哈回合谈判的失败，高关税产品的贸易自由化进程还有很大的困难需要加以克服。事实上，在多轮贸易自由化进程之后，之所以这些产品仍然保留了高额关税，很大程度上都源于这些产品所附属的非经济属性。也就是说，虽然从经济因素考虑，这些产品的贸易自由化不但有利于本国经济福利的提升，也有利于提高其他国家的经济福利，因此，推动这些产品的贸易自由化存在着利益创造的理论基础。但在纯粹的经济因素之外，这些产品的贸易自由化进程还牵扯到就业、经济安全和社会稳定等诸多内容，是一国贸易自由化进程中的痛点和敏感点，在短期内进一步降低这些产品的贸易壁垒也就变得困难重重。除此之外，当前贸易自由化进程的非对称性也进一步阻碍了高关税产品的贸易自由化进程。伴随着中心国家关税水平的逐渐走低，中心国家商品领域贸易自由化的政策空间已经非常狭小，未来的贸易自由化进程可能更多地表现为外围国家向中心国家的单向开放。如果此时中心国家还能继续让渡其他领域的利益，这样一种单向的开放进程可能还存在着理论的可能，但在当前中心国家贸易政策空间收窄以及全球化意愿降低的大背景下，这种单向贸易开放的可能性其实是极小的。

在高关税商品贸易自由化进程受阻的条件下，全球市场边界扩张的另外一个可能是在现有的贸易格局中引入新的贸易元素，比如说通过服务贸易的发展来进一步拓宽市场边界，但这一路径同样困难重重。相对于商品贸易领域，发展中国家服务贸易领域的改革开放进程相对滞后，整体竞争力也与发达国家存在着较大的差距，这就意味着外围国家对于服务业的开放更为敏感和谨慎。更为重要的是，与商品贸易"边境开放"的属性不同，由于涉及市场准入、法律规范、规则设计等结构性问题，服务贸易领域的市场开放带有相对更强的"境内开放"属性，对于外围国家而言，这在某种程度上意味的是制度框架的全盘外来化和政策自主裁决权的丧失，这种结构性的调整和开放是尤为困难的。因此，对于外围国家而言，推动服务领域市场的开放无疑将面临较大的阻力。而对于中心国家而言，虽然从表面来看其服务部门尚未进入全球市场，还带有很强的非贸易部门特征，可能会成为全球市场边界扩张的潜在动力来源。但从中心国家国内经济结构调整的路径来看，如前所述，伴随着其国内实体经济部门的萎缩，资源不断从贸易部门向非贸易部门流动，在让渡了制造业部门的贸易利益之后，中心国家进一步加强了其全球金融和服务中心的职能，并继而通过影响全球资本要素的流动格局来获取经济全球化的红利。在这样一个过程中，全球的经济分工不再是传统的贸易部门内部不同国家基于不同产品的分工，而更多体现为中心国家的非贸易部门与外围国家的贸易部门相对应的分工体系。在这个意义上，中心国家以金融业为代表的服务部门虽然表象上并没有直接融入经济全球化的进程，但其事实上已是全球分工格局中的重要组成部分，极大地影响着全球经济红利的创造和分配。从积极的角度来说，这意味着全球经济一体化的程度要远比想象的深入，但从消极的角度来说，未来全球化的政策空间和红利空间也远比想象的要小很多，即便中心国家未来服务贸易"表象"的自由化进程有所加快，其对全球化红利增长的持续贡献也是相对有限的。

三、资本跨国流动与世界实际利率的走低

经济全球化不但存在着天然的边界约束，在全球化发展到一定程度之后，还会自发的产生对经济全球化自身进一步发展的抑制力量，使得全球经济逐渐向低速增长路径收敛。这其中，经济全球化对世界实际利率的压低是最为明显的一个渠道。在上文的文献讨论部分，我们已经就实际利率走低对经济长期停滞的影响进行了梳理。可以看出，虽然对于实际利率的走低已经成为学界共识，但实际利率走低的原因还存在着很多的争论。我们认为，除去上文提到的期望寿命增加、人口增速下降、高增加值服务业发展等因素之外，金融一体化所带来的跨国资本流动性的提高也是世界实际利率走低的重要原因。

（一）金融一体化影响世界实际利率的逻辑

首先需要明确的是，世界经济的金融一体化并不必然会导致世界实

际利率的压低。在不同国家的金融发展水平无差异的条件下，由于并不存在类似商品的偏好匹配问题，资本跨国流动的结果只是资本简单地从一个国家流向另外一个国家，并不会改变国际资金市场的整体供需状况，自然也就不会对世界实际利率产生实质影响，此时世界经济的金融一体化对世界实际利率的影响是中性的。然而，在现实中，不同国家的金融发展水平往往存在着差异，在这一现实前提下，金融一体化所带来的世界经济利率走低将是必然的。我们结合图4-2对此进行说明。

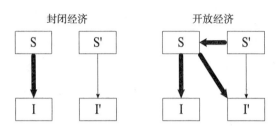

图4-2 封闭和开放情形下储蓄向投资的转换途径

注：图中线条的粗细反映了储蓄向投资转换的难易程度，较粗的线条对应着有更多的储蓄转换成了投资

图4-2给出了不同金融发展水平的国家在金融一体化前后资金市场供需状况的变动情况。在金融一体化之前（图4-2左半部分），由于缺乏国际资本的流动机制，在每一个国家内部，投资的实现只能依赖于本国的储蓄资源。由于不同国家的金融发展水平存在着显著差异，储蓄向投资的转化也有所不同。在金融市场相对发达的国家，储蓄向投资的转化机制完善，储蓄转化为投资的效率往往较高，相对较多的储蓄（图中较粗实线）可以形成可贷资金市场上的有效供给。相反，当一国金融市场发展水平较低时，储蓄向投资的转化并不完全，即便一国储蓄资源丰富，也难以在可贷资金市场上形成有效供给（图中较细实线）。此时，如果国内金融市场不发达的国家占据多数，那么在全球资金可贷市场上的表现就是资金的整体供给相对不足，此时全球的实际均衡利率将维持在一个相对较高的利率水平上。

在金融一体化之后（图4-2右半部分），世界的可贷资金市场成为一体，对于金融市场发展水平比较低的国家而言，这些国家的出口贸易盈余形成了大量的储蓄资源，尽管在国内金融市场上，由于储蓄向投资的转换存在困难，这些储蓄资源并不能有效转换为资金的供给，但其仍然可以通过购买金融发展水平较高国家无风险资产的形式在全球范围内配置本国的储蓄资源。这相当于金融不发达的外围国家将本国储蓄资源的配置权交给了金融市场相对发达的中心国家。这一部分资源在发达国家的金融市场重新加以配置之后，不但会转换为发达国家本国的投资，也会以跨国直接投资和股权投资等其他形式的资本形态回流到外围国家。在这样一种资本的跨国迂回流动机制中，中心国家的金融市场事实上起到了配置全球储蓄资源的职能，更多的储蓄资源成为有效资金供给（可以看作图中粗实线替代了细实线），相对于封闭条件的可贷资金市场而言，全球整体的资金供给相应增加，在世界的实际资金需求给定的条件下，世界实际均衡利率水平也自然随之下降。

（二）世界实际利率走低的表现和影响

严格来说，世界实际均衡利率水平的下降并不必然意味着实际利率达到负值。事实上，在长时间内维持负的实际利率是不可能的，在跨期消费平滑的作用下，实际均衡利率最终会成为正值。因此，在这个角度来说，对于负的实际利率的担忧不可过度的放大。

尽管负的实际利率水平不可能长期存在，但在长期内维持较低的实际利率仍然是可行的。为了对此进行说明，我们在图4-3和图4-4分别给出了发达国家和发展中国家实际利率和名义利率的变动情况。

结合图4-3，我们可以看出，对于发达国家而言，进入20世纪90年代之后，无论是名义利率和实际利率都在不断地走低。同时，在2013年之后，发达国家整体的实际利率已经接近甚至低于零值。发展中国家的情形也与此类似，只是与发达国家整体温和的通货膨胀情形不同，发展中国家整体上的通货膨胀要更为严重，使得实际利率水平与名义利率水平的差距相对更大。具体来说，从图4-4可以看出，对于发展中国家而言，虽然名义利率水平仍然处于高位，但就实际利率水平而言，发展中国家的实际利率也在不断下降，个别年份的实际利率水平也已经非常接近于零值。

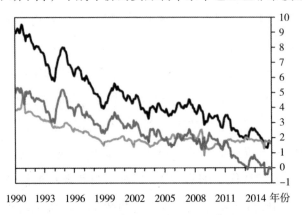

图4-3　发达国家名义和实际利率的变动情况

注：数据来源于Rachel and Smith (2015): Secular Drivers of the Global Real Interest rate. Bank of England Working Paper, No.571。图中深色、灰色和浅灰色曲线分别对应着10年期国债的名义和实际利率以及预期通胀率

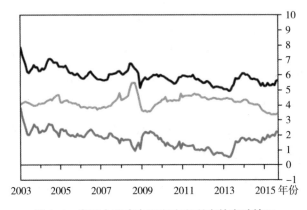

图4-4　发展中国家名义和实际利率的变动情况

注：数据来源于Rachel and Smith (2015): Secular Drivers of the Global Real Interest rate. Bank of England Working Paper, No.571。图中深色、灰色和浅灰色曲线分别对应着10年期国债的名义和实际利率以及预期通胀率

　　在名义利率水平存在零值约束的背景下，不断走低的实际均衡利率大大限制了中央银行的政策空间，将产出维持在潜在产出水平以实现充分就业的目标变得愈发艰难。而这一点，也成为在需求角度对世界经济前景进行判断的学者的主要担忧。

　　需要注意到的是，世界实际利率的下降并不必然会阻碍世界经济的长期增长。就前文的逻辑而言，我们强调的仍然是世界范围内资源的优化配置过程。在一定意义上，世界实际利率的下降伴随的是世界可贷资金市场规模的扩张，而较低的实际利率也意味着更低的资金成本，这都是有利于世界经济增长的。只不过在世界实际利率下降的过程中，这样一种优化资源配置的市场机制的顺利运行对应的仍然是无约束的资源和政策条件。具体来说，下降的世界实际利率进一步带来了世界均衡产出的上升，在无约束的政策条件下，均衡产出上升的收益可以被充分释放和转换，从而推动世界实际产出的进一步扩张。然而，当政策约束不断收紧，特别是当货币政策空间逐渐受到零利率边界约束时，世界均衡产出上升的潜在收益将难以被充分释放，宏观政策对世界有效需求的刺激力度减弱，实际产出将持续低于均衡产出，世界经济有效需求和整体经济持续增长的阻力相应增加，此时世界经济一体化的收益减小，而自由化逻辑下市场的缺陷和由此带来的负外部性则被无限放大。

　　综上，伴随着经济全球化特别是金融一体化的深入发展，世界实际利率的走低将是一种必然。在这样一个过程中，由于在初始阶段并不存在明显的政策约束，此时世界经济红利的创造和实现是世界经济一体化过程中最为明显的特征。当世界经济一体化持续走向深入并且政策约束开始收紧时，世界经济增长的收益将逐渐减少，而世界经济一体化的负向作用则开始有所体现。同时，注意到的是，世界实际利率的走低是国别金融市场发展水平存在差异情况下资本跨国流动性提高的必然结果。在世界经济结构不发生大的变动的情况下，即便是包括美国在内的任何单个国家都无法靠一己之力来逆转甚至延缓实际利率的走低，长期内世界经济实际增速的下滑也将是大概率事件。

四、经济全球化红利不足与中心国家全球化意愿

（一）中心国家围绕全球化收益和成本的权衡

作为中心国家的美国是全球经济分工体系的引领者和游戏规则的制定者，在很长的一段时间内，其都在致力于自由市场边界的拓展，尝试将自由开放的市场经济原则从国内市场引入全球市场。这样一种市场边界扩张的努力表面上是为全球经济的发展扫清壁垒和创造条件，实质上对应的是利益分配的强权逻辑，目的仍然是通过在金融领域和科技技术上的优势在市场边界扩张的过程中攫取更大的利益。只不过，在推动市场边界扩张的过程中，中心国家也存在着自己的成本。

这类成本主要表现在两个方面。一方面，全球化进程的顺利推动需要相应的政策和制度平台等全球公共产品的存在，而这些公共产品的存在离不开中心国家的努力和推动。从公共产品的属性出发，至少在短期来看，中心国家在提供全球公共物品过程中所产生的正外部性并不能获得相应的补偿和回报。另一方面，考虑到中心国家和外围国家在技术、禀赋和经济发展阶段上的差异，在推动市场边界扩张的过程中，中心国家可能会在贸易政策、技术转让和市场准入等方面给予外围国家一定的利益让渡，以一种看似更为开放的姿态参与到全球化的进程之中。当然，这种表象上大度和开放的目的也都是服务于自身经济全球化红利的攫取需要的。

在经济全球化的早期阶段，由于全球化红利的释放较为充分，市场边界扩张所带来的利益实现远远大于中心国家的成本支付，此时中心国家自然也就成为经济全球化最为重要的推动力量。然而，当市场边界的扩张变得有限和经济全球化红利的创造相对不足时，中心国家在利益让

渡和公共品提供上的意愿乃至经济全球化的意愿便会发生逆转。此时，中心国家要么不断的宣布退出联合国人权委员会、教科文组织、《巴黎协定》等国际公共组织，要么以"公平贸易"和"对等贸易"的名义要求外围国家进行事实上的单边开放，其实质都是全球化红利降低时的逆经济全球化的行为。

需要提及的是，中心国家经济全球化意愿的逆转看似是遵循了简单的收益成本原则，在经济全球化红利不足时所做出的有利于其自身利益的决策。但实际上，考虑到中心国家在全球经济中的地位，其任何决策都带有不可避免的外部性特征，其对经济全球化路径的偏离不但会极大地影响世界经济的发展，也会进一步损害中心国家自身的利益。以全球公共产品的提供为例，中心国家从自身的成本收益出发选择放弃全球公共产品的提供，这看上去符合中心国家的国家利益，但在经济格局不发生变化的情况下却可能使得世界经济的发展陷入"金德尔伯格陷阱"。也就是说，此时中心国家没有意愿提供全球公共物品，而外围国家没有能力提供公共物品。在这种情况下，全球公共物品提供能力的不足不但会使整个世界经济的运行趋于混乱，对于中心国家的国际形象和国家软实力的提升也具有非常大的负面影响。

从现实情况来看，中心国家的各种"退群"行为所导致的全球公共产品的缺乏已经对中心国家的国家形象和软实力构成了挑战。图4-5基于盖洛普世界调研数据库中的问题"你是否认可美国的领导地位？"（Do you approve or disapprove of the job performance of the leadership of the United States?），给出了2007年之后美国世界领导力的变化情况。从图4-5可以看出，在2009年之后，伴随着美国经济的逐渐企稳，公众对于美国领导力的认可程度也在不断提升，认可美国领导力的公众占比除去2012年相对较低之外，其他年份的公众占比基本稳定在45%-49%的区间，接近一半的世界公众对于美国的全球领导力表示认可。这一时期，不认可美国领导力的公众占比都在30%以下。而在2017年之后，伴随着特朗普政府不断退出全球公共事务以及美国与其他国家的政治和经济摩擦，对美国领导力表示支持的公众占比大幅下降。2017年，全球范围内只有30%的公众对美国的国际领导表示支持，比2016年下降了18个百分点。与此同时，持反对态度的公众比例则大幅上升，43%的公众都不认可美国的全球领导力，比2016年上升了15个百分点。

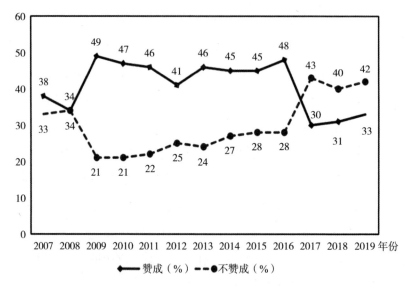

图4-5　对于美国领导力的公众态度

注：数据来源于盖洛普世界调研数据库

（二）相对实力变动与中心国家的全球化意愿

经济全球化红利的不足除了会直接地降低中心国家经济全球化的意愿之外，其还可能会通过引起国家竞争力的相对变化对中心国家经济全球化的意愿产生间接影响。中心国家推动全球化的意愿是基于中心国家对世界经济最具控制力这一基本前提的。事实上，传统的霸权稳定论也认为，世界经济体系的稳定运行需要霸权或者说一个具有经济影响力和控制力的国家的存在。这也就意味着，全球化红利衰减所带来的中心国家获利空间的减少，必然会进一步引起中心国家全球范围内的竞争力的变化。特别地，当霸权\中心国家世界范围内的竞争力有所下降时，世界经济发展过程中的冲突就会加剧。此时，不但中心国家经济全球化的推动意愿有所减弱，世界经济发展过程中的不稳定因素也会逐渐增多。注意到，我们这里所指的中心国家竞争力的下降，不但包括中心国家绝对竞争力的下降，也包括中心国家竞争力相对于其他国家竞争力的减弱，对应的都是中心国家对于全球经济控制力的下降，而后者更是引入了国家交往过程中"赶超"与"限制"的策略博弈。

就现实的经济数据来看，美国的多组经济数据虽然从纵向比较来看一直在不断改善，但横向比较于中国经济，却出现了一定程度的下滑。2010年，中国制造业增加值首次超过美国，成为世界制造业产出规模最大的国家。2013年，中国出口贸易总额首次超过美国，成为世界第一大出口国。2015年，按美元价格计算，中国的国内生产总值已经达到了美国的62%，进出口总额达到了美国的90%，与美国的对外贸易规模已经非常接近。在中国的经济数据整体向好的同时，中国在全球范围内的国家形象和国家软实力也在逐步提升。

接下来，在就美国在全球范围内领导力的公众认可情况进行分析的基础上，我们进一步根据盖洛普世界调研数据库中的另一个问题"你是否认可中国的领导地位？"（Do you approve or disapprove of the job performance of the leadership of China?），在图4-6中给出了2007年之后中美两国世界领导力的相对变化情况。从图4-6可以看出，2012年之前，尽管中国经济一直在持续稳定增长，但囿于中国发展中国家的现实情况，全球公众对于中国在世界范围内的领导表现并不看好，支持中国领导世界的公众占比一直在不断下降，大部分年份都不到三分之一。而在2012年特别是2014之后，对中国全球领导力表示认可的公众占比稳步提升。在2017年，在全球范围内的受访者中，31%的公众表达了对于中国全球领导力的支持态度，而与之形成鲜明对比的是，只有30%的公众表达了对于美国领导世界的支持。

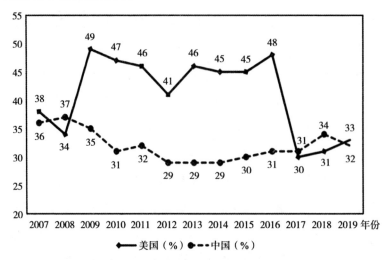

图4-6 中国和美国全球领导力的变化

注：数据来源于盖洛普世界调研数据库

因此，结合以上的分析，无论从客观数据衡量还是基于国家软实力的相对变化，美国在全球范围内的控制力和影响力都有所下降。当然，从当前世界经济发展的现实情况来看，中心国家竞争力是否下降还存在着一定的争论，但尽管如此，中心国家政府对自身竞争力的焦虑却显而易见。"让美国再次强大""重振美国制造业""美国优先"等一系列政策主张的提出都是美国对自身竞争力存有焦虑的外在体现。在这样一种竞争力焦虑的氛围下，中心国家主动挑起的一系列的贸易保护事件就成为一种必然，实质上对应的仍是中心国家对于全球经济控制权的关注。

需要进一步指出的是，中心国家对于经济全球化的意愿逆转并不总是发生在其竞争力衰退的时期。即便当中心国家的竞争力有所保障，或者说其仍然是经济全球化红利的最大受益者时，其经济全球化的推动意愿也有可能发生逆转。在经济全球化的过程中，虽然几乎所有外围国家都对中心国家的产品、资金、技术和市场存在着很强的依赖，但如果将全球经济视为一个整体来看，作为经济全球化最大的受益者，中心国家仍然是所有国家中对全球市场依赖最大的国家。这样一种依赖本身并不是问题，某种程度上这也是中心国家政府推动经济全球化的初衷所在。然而，当中心国家源于全球化的红利越来越集中于某个国家时，中心国家对全球化的依赖可能会越来越表现为对于单个国家的依赖。这一点，显然是中心国家政府所不能接受的。从现实情况来看，在经济全球化发展的过程中，中国要素越来越成为中心国家全球化红利获取的重要力量。在2000-2017年期间，美国向中国的出口比重从2.1%上升到了8.4%，从中国的进口比重从8.6%上升到了21.9%，经常账户赤字来源于对华贸易赤字的比重更是从2000年的21.15%上升到了2017年的99.06%[①]，美国经济已经呈现出对于中国要素越来越高的依赖。在这样的情况下，即便美国仍然是全球化红利的最大获取者，其对于全球化的态度也会出现变化。

（三）美国公众对于经济全球化态度的动态变化

对于选票至上的美国社会而言，政府对于经济全球化意愿的下降一定存在着相应的民意基础。在这个角度上来说，在经济全球化的红利空间有限的情况下，对于普通美国大众而言，其对于经济全球化的态度可能也在发生着变化。

表4-1基于调研数据，给出了美国民众认为应该属于优先事项（总统和国会的首要任务）的公共政策。从表4-1可以看出，在列出的公共政策的优先事项中，防御恐怖主义、提升教育、提升国家经济、减少医疗费用等事项是大部分美国民众所认为的总统和国会需要加以优先解决的事项，认为这些公共政策属于优先事项的民众占比都在50%以上。与之相对应，对于处理全球贸易、处理气候变化、处理移民、加强军事这些公

---

① 数据来源于美联储圣路易斯分行。

共政策，大部分民众都认为这些公共政策并不属于总统和国会的首要任务。这其中，处理全球贸易排在了所有列出的公共政策选项的最后一位，说明相对于其他国内事务，在美国民众的认知中，全球贸易的重要性已经大大下降，只有不到40%的民众认为处理全球贸易应该给予优先关注。与此同时，从动态变化来看，在2018年之后，处理全球贸易这一公共政策的重要性也出现了一定的下降的趋势，只有38%的美国民众认为处理全球贸易属于优先考虑的公共政策。

表4-1　公共政策的优先事项

（单位：%）

公共政策	2010	2014	2017	2018	2010-18 变化	2017-18 变化
防御恐怖主义	80	73	76	73	−7	−3
提升教育	65	69	69	72	+7	+3
提升国家经济	83	80	73	71	−12	−2
减少医疗费用	57	59	66	68	+11	+2
保护环境	44	49	55	62	+18	+7
改善就业状况	81	74	68	62	−19	−6
贫穷和贫困问题	53	49	56	58	+5	+2
减少财政赤字	60	63	52	48	−12	−4
加强军事	49	43	45	46	−3	+1
处理移民	40	40	43	47	+7	+4
处理气候变化	28	29	38	46	+18	+8
处理全球贸易	32	28	40	38	+6	−2

注：表中数据来源 Pew Research Center survey of U.S. adults conducted Jan.10-15, 2018，对应着认为某一项公共政策应该是优先事项或者是总统和国会的首要任务的民众在总的调研民众中的比例。在2013年及之前，"处理移民问题"这一项被称为"非法移民"。在2015年及之前，"处理全球气候变化"这一项被称为"全球变暖"问题

接下来，为了更好地考察美国民众对于经济全球化的态度，我们进

一步在图4-7和图4-8中分别给出了美国民众对于产业外包以及自由贸易协定的态度的动态变化。

　　首先考察美国民众对于产业外包的态度，从图4-7可以看出，对于产业外包对工作机会的影响，大多数美国人都给出了相对消极的答案，30%的受访者认为"将更多的工作外包给其他国家"将"损害他们的工作或职业"，只有7%的受访者认为产业外包"帮助他们工作或职业"。同样的情形也出现在针对"更多国外商品在美国销售"这一现象的回应上，20%的受访者认为进口商品在美国国内的销售不利于国内就业或者职业发展，比支持进口商品销售的受访者多了10个百分点。而对于"更多美国制造商品被销售国外"，23%的受访者给出了积极的回答，而只有5%的受访者认为这会损害他们的工作。因此，综合来看，至少在对就业的影响上，美国民众仍然选择认为国内制造业的发展有利于解决国内的就业问题。虽然这一认知并不符合美国当前的就业逻辑，[①]但却与美国政府强调的推动制造业部门发展的思路相对一致。

　　进一步分析美国民众对于自由贸易协定的看法，从图4-8可以看出，整体而言，大多数美国人仍然认为"美国和其他国家之间的自由贸易协定对于美国而言是一个好事情"，支持自由贸易协定的受访者比例在所有年份都大于反对自由贸易协定的受访者比例。但与此同时，也需要注意到的是，在2014年之后，认为自由贸易协定对美国有益的受访群体所占的比例在不断下降，而反对自由贸易协定的民众则有所增加。在这个角度来说，虽然在整体上支持自由贸易的民众仍然占据多数，但在普通民众的认知中，自由贸易协议所带来的收益的增长已经有所减弱。

---

① 对于这一问题，我们将在下一个章节展开讨论。

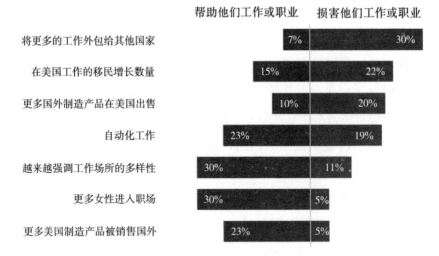

图4-7 美国民众对于产业外包的态度

注：数据来源于 Pew Research Center survey of U.S. adults conducted Aug.8-21 and Sept 14-28, 2017. 图中数据主要基于那些有工作，或者失业但正在找工作的人，或者已经在寻找但无法找到工作的人

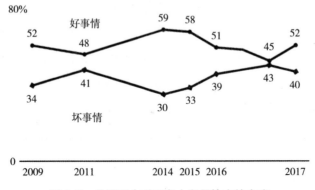

图4-8 美国民众对于自由贸易协定的态度

注：数据来源于 Pew Research Center Survey, April 5-11, 2017

五、本章小结

本章主要在经济全球化的视角下就世界经济增长放缓的原因以及中心国家的经济全球化意愿进行判断。本章认为，世界经济增长的乏力与

当前经济全球化所面临的挑战是密切一致的。伴随着经济全球化的不断深入，在经济全球化面临市场边界约束的条件下，经济全球化的红利创造已经不能完全覆盖经济全球化过程中对应的成本。在这样的情况下，不但世界经济持续增长的动力有所不足，原本经济全球化的推动者——作为中心国家的美国对于经济全球化的意愿也出现了一定程度的逆转，这又进一步限制了未来世界经济的增长空间。

第五章 理解经济再平衡：特征与趋势

在第三章和第四章的讨论中，我们发现金融危机以后，伴随着美国对外经济失衡的调整，在经济全球化的红利空间有限的情况下，美国国内出现了一定的"逆全球化"倾向。这种"逆全球化"倾向不仅表现为普通民众对于经济全球化意愿的减弱，也反映为实体经济领域美国国内产品对进口产品的替代，以及对外直接投资向国内投资的转换。从政策层面来说，美国政府主导的实质意义上的"逆全球化"可以追溯到奥巴马政府时期的再工业化政策。再工业化政策虽然表象上是国内规制和政策指向的变化，但结合美国在全球经济分工中的角色，就经济逻辑而言，再工业化政策对应的是美国对进口商品依赖的减少，以及国内生产在满足消费缺口方面的作用，具有一定的回归自给自足的封闭经济的特征。到了特朗普政府时期，美国政府开始摒弃奥巴马政府时期相对温和的"逆全球化"政策，而代之以单向的、富有攻击性的对外贸易政策。这其中，从2017年开始，针对中国的对外贸易摩擦逐渐成为世界经济领域最为引人关注的话题。无论是奥巴马政府时期的再工业化政策还是特朗普政府时期针对中国的贸易摩擦，虽然表现形式有所差异，但美国政府的政策目标似乎均指向了美国对外经济失衡的调整。随之而来的问题是，美国政府是否真的关注对外贸易失衡的调整？如果美国政府的真实意图并不完全在于调整经济失衡，其进行再平衡调整的目的是什么？对于美国经济和全球经济而言，再平衡调整的可能方向又是什么？

为了针对以上问题进行回答，在本章的讨论中，我们首先澄清几个有关美国经济失衡调整的认知误区，并在此基础上进一步尝试就美国政府调整贸易失衡的真实意图和可能方向展开讨论。

一、有关经济再平衡的几个认知误区

自特朗普主政美国政府以来，其在多个场合都表达了对美国贸易失衡问题的关注，认为在巨大的贸易赤字形成的过程中，无论是美国制造业部门的就业还是美国的整体利益都受到了损害。因此，为了解决贸易失衡，重振美国经济，"夺回被其他国家抢走的工作机会和财富"，特朗普政府采取了一系列旨在减少贸易赤字重振美国经济的措施。作为美国最大的赤字来源国，中国成为美国贸易失衡调整过程中最为关注的对象。

从特朗普政府任期内对于美国对外贸易失衡特别是中美贸易失衡的相关表态来看，给人的突出印象有如下几个。首先，当前美国的对外贸易失衡特别是对中国的贸易失衡已经到了非常严重的程度，特朗普政府对此非常关注。其次，这种"严重"的贸易失衡已经切实损害到了美国的自身利益，所以特朗普政府发起了针对贸易失衡调整的若干政策措施。最后，中美贸易失衡形成的原因在于中国进行了"不公平"的贸易竞争，因此针对中国的贸易制裁自然成为美国贸易平衡调整的重要手段。

事实果真如此吗？答案显然是否定的。我们认为，一方面，站在历史演绎的角度，无论是与20世纪80年代相比，还是与2008-2009年美国金融危机之前相比，当前美国对外贸易失衡的程度其实不大，经常账户赤字占国内生产总值的比重在2%左右，尚不足20世纪90年代之后美国对外经济失衡的平均水平，美国政府人为地放大了对这一问题的关注。另一方面，美国对外贸易失衡的均衡化调整既不能解决美国制造业部门的就业问题，也无助于美国整体利益的实现。在就美国贸易失衡的经济影响进行评估的过程中，美国政府选择性地忽略了贸易失衡对于美国经济的积极影响。最后，即便美国的对外贸易失衡是一个问题，那么美国贸易失衡的形成也主要源于美国国内因素，与包括中国在内的世界其他国家的对外贸易政策并无必然联系。

综合以上分析，我们认为，美国政府围绕美国对外贸易失衡以及中美贸易失衡的很多论述都带有非常强烈的伪命题属性，是故意人为地制造的一些认知上的误区。接下来，我们对此进行更为详细的讨论。

（一）误区1：美国政府非常关注贸易失衡问题

维持国际收支的平衡是宏观经济政策的重要目标，但何为"平衡"其实并没有特别明晰的标准。一个显而易见的事实是，平衡是一个相对概念，任何一个国家都不会把绝对的贸易平衡当作政策的目标，关注的仍然是贸易失衡规模相对于其经济总量的相对大小。从当前美国的贸易平衡情况来看，根据美联储圣路易斯分行的数据，2017年美国经常项目账户赤字4662亿美元，其中对中国1625亿美元。这一数字看似惊人，并屡屡被特朗普政府用作衡量美国对外贸易损失的依据。但事实上，考虑到美国巨大的经济规模，这一数值只占美国国内生产总值的2.4%。同历史其他时期相比，其实并不是一个特别大的失衡水平。进一步来说，结合第二章图2-1可以看出，在2006年，美国经常项目账户赤字占国内生产总值的比重一度超过6.5%，并达到历史最高水平。金融危机后，贸易失衡开始向均衡方向调整，在多数年份，美国经常项目账户平衡占国内生产总值的比重一直在3%左右。因此，纵向来看，特别是从2000年以后美国贸易失衡的状况来看，当前美国的对外贸易失衡水平其实并不严重。至少，从相对数值来看，现在的失衡水平还不到20世纪90年代以后的平均水平。在对外贸易失衡并不严重的情况下特朗普政府屡屡围绕贸易平衡问题做文章，并不是特朗普政府非常关注美国对外贸易失衡的调整，而是因为对外贸易失衡的调整是一个貌似公正和合理的幌子。也就是说，无论从宏观政策管理的目标来说，还是基于对外经济失衡过度累积下的风险控制，以调整贸易失衡为目标，都可以以看似合理的政策主张来掩盖美国政府针对贸易失衡进行再平衡调整的"不可告人"的真实意图。

（二）误区2：贸易失衡整体上不利于美国经济利益的实现

必须指出的一点是，不同群体对失衡程度的心理接纳程度和评价标准存在着显著差异，不能说奥巴马政府能够接纳6.5%的贸易赤字就一定意味着特朗普政府能够容忍2.4%的贸易赤字。但是注意到，这一结论的得出仍然是基于贸易赤字对于美国经济而言是没有任何收益这一前提条件之下的。事实上，至少在如下几个层面来讲，美国的对外贸易赤字对美国经济整体收益的实现而言是存在着积极影响的，只是美国政府有意或无意地忽略了这些正面效应的存在，而单纯地强调了对外贸易失衡对于美国经济的负向影响。

一方面，在资本要素跨国流动的背景下，对外贸易平衡状况已经不能直接反映对外贸易收益。相比于单纯的对外贸易收益，对外投资收益以及世界金融霸权所带来的权力溢价对美国经济而言可能更为重要。正如我们在第二章中所讨论的，当前的国际贸易与20世纪80年代之前的国际贸易相比，最大的不同是存在着要素特别是资本要素的跨国流动。伴随着资本要素的跨国流动，传统理论对于贸易分工模式和贸易利益的分析结论都要做出相对较大的调整。在要素跨国流动和贸易分工不断细化的前提下，一国的出口贸易不再是一国自身技术、禀赋条件、需求状况的外在反映，而是多国的生产要素、技术水平和需求状况共同作用的结果。与之相对应，贸易利益的分配也不再由产品输出国全部获取，而是在不同国家的要素所有者之间进行重新分配。在这样的一种分工协作模式下，作为中心国家的美国，已经不再是简单的产品提供者，而是全球要素的配置者。其收益除了传统的贸易收益之外，更为重要的是获取了资本跨国流动的投资收益，以及要素配置权的权力溢价。举例来说，就中国向美国出口所形成的顺差结构而言，外资企业是最为主要的构成。这也就意味着，在美国逆差——中国顺差这一简单的数字背后，最终的利益分配要复杂许多。虽然由于数据的限制，我们无从得知中国外资企业中美资企业的具体构成，但在美国对中国贸易逆差不断积累的背后，为数众多的美国企业在不断获益应该也是一个基本的事实。

另一方面，美元的货币霸权不但大大降低了贸易赤字对美国经济的不利影响，还为新收益的实现提供了可能。

传统经济理论对于一国贸易赤字的担忧主要基于两点。一是担忧贸易赤字所带来的外汇储备增长的缓慢，并随之导致的商品进口、债务偿还等支付能力的不足，二是担忧过度的逆差对于汇率稳定性的冲击。但是相对于其他国家而言，美国对外贸易赤字对其支付能力和汇率稳定性的影响要小很多。对于前者，由于大部分国际贸易和金融交易的计价和结算都以美元进行，这就导致了支付问题所受到的影响要小很多。对于后者，由于许多外围国家选择将本币盯住美元，在这样一种"后布雷顿森林体系"的制度安排下，美国无须考虑汇率稳定性的需要，可以将政策目标专注于国内问题的解决。

在存在美元货币霸权的情况下，传统贸易赤字的不利影响被大大弱化，一些新收益的实现也成为可能。首先，美国的对外贸易赤字是与美国国际货币发行国的地位相对应的。只有在维持一定的赤字规模的前提下，美国政府才能做到将美元输出到其他国家，国际货币铸币税收益的实现才有可能。其次，美国的对外贸易赤字还是与美国在当前世界经济中的"金融角色"相对应的。作为世界经济的中心国家，美国的"金融角色"已经从一个"世界的银行家"转变为世界的"风险投资家"（Gourinchas and Rey, 2007）。美国对外贸易逆差对应着其他国家的对外贸易顺差，这就为其他国家美元资产的积累提供了可能。而在其他国家特别是外围国家风险应对能力不足的前提约束下，由于找不到好的投资机会，这些资金又只能以购买美国国债的形式回流到美国，为美国高收益的对外投资的实现提供事实上的廉价融资支持。这就是我们在第二章强调的外围国家对于美国的货币补贴。因此，从这个角度来说，无论是对外投资的高收益的获取，还是全球资金动员能力的实现，还是国际货币铸币税收益的实现，都是以美国的对外贸易逆差为基本前提的，没有美国对外贸易赤字的存在，美国的这些相应收益也就无从谈起。

（三）误区3：调整贸易失衡可以解决制造业部门的就业问题

在上一部分我们强调了对外贸易失衡带给美国经济的整体收益，但整体收益的存在并不足以保证美国政府不去针对贸易失衡进行调整。这不但与长期内的风险控制有关，也与短期内不同利益群体的利益分配有关。至于前者，由于当前的贸易失衡水平已经处于低位，贸易失衡所可能导致的系统性风险相对不大，因此当前美国政府对于贸易失衡问题的关注应该与风险控制无关。那美国政府对于贸易失衡的关注与特定群体的利益有关吗？或者进一步，对于贸易失衡的关注与美国政府经常提及的制造业部门的发展有关吗？

从金融危机后美国经济的现实表现来看，这样一种可能似乎是存在的。在奥巴马政府任期内，与制造业部门发展相关的政策主要是美国的再工业化战略。从美国再工业化战略实施的初衷来看，除去夯实工业基础、平衡产业结构之外，还有一个可能是与2008–2009金融危机后美国"失业型复苏"的经济特征相对应的。也就是说，在金融危机后的经济复苏初期，尽管主要的产出指标已经在不断改善，但美国社会仍然有大量的失业人口存在。在此背景下，创造更多就业岗位，解决失业率高企的问题也就自然成为再工业化战略主要的短期目标。而到了特朗普政府任期，特朗普政府对于制造业部门表现出更加积极的关注，并尝试就制造业部门的发展与美国的对外经济失衡加以联系。从特朗普的相关表态来看，美国对于贸易失衡的调整似乎就是为了维护制造业部门的相关利益。"21世纪对美国的制造业工人而言是非常糟糕的"，"美国制造业部门的就业相对于21世纪之初减少了500多万"，"美国的工厂和就业正在不断地被中国和墨西哥偷走"，这些言论都是特朗普政府对于美国制造业部门发展进行的极具煽动性的评论。也正是在这样的背景下，美国政府认为，通过"用美国货"，"雇美国人"为主要手段的贸易失衡调整可以成为保护制造业部门利益特别是解决制造业部门就业问题的有效途径。这看上去非常的符合逻辑，但果真如此吗？

如果对美国不同产业的就业情况加以考察的话，很容易得出否定的答案。

图5-1给出了21世纪以来美国制造业部门就业以及非农部门就业的变动情况。从美国劳动力市场的就业状况来看，2010年是劳动力就业状况最差的一年。在2010年2月份，非农就业人数仅有12965万人，而制造业部门的就业人数则只有1145万人，占整个非农就业人数的8.8%（图5-1）。从2010年3月份开始，劳动力就业状况开始得到改善。到2010年底，非农就业和制造业部门就业人数分别上升到13075万人和1160万人。在2010之后到新冠疫情暴发之前，非农部门以及制造业部门的就业状况

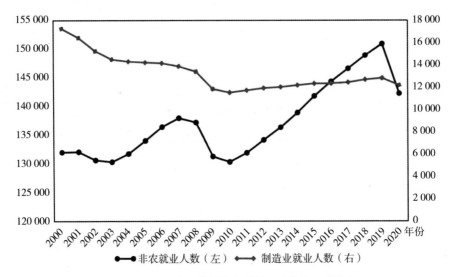

图5-1　美国就业人数的变动情况（单位：千人）

注：图中左轴对应的是非农就业人数，右轴对应的是制造业就业人数，数据来源于美联储圣路易斯分行

一直在不断好转，就业人数在稳步提高。但是从图5-1可以看出，相对于非农部门就业人数的快速增长，制造业部门的就业数目虽然也在增加，但增速相对缓慢。

类似的情况也反映在失业率数据的变动上。图5-2给出了美国整体失业率、制造业部门失业率以及制造业部门就业占非农就业比重的变动情况。从图5-2可以看出，在2009年10月之后，伴随着美国经济复苏态势的延续以及再工业化战略的实施，美国的就业条件得到了较大改善，再工业化战略的就业目标基本实现。无论是整体失业率还是制造业部门失业率都从2009年10月份的高位逐渐下降，并且这种下降趋势一直持续到新冠疫情暴发之前。但与此同时，也需要注意到的是，在制造业部门失业率和整体失业率下降的同时，制造业部门占非农部门就业比重也出现了持续的下降。这就意味着相对于整体失业率的下降而言，制造业部门失业率的下降要相对缓慢。2008年底，制造业就业人口占整个非农就业人口的比重在9.5%左右，而到了2015年，这一比重下降到了8.7%。特朗普政府主政美国之后，制造业就业比重下降的趋势并未得到根本逆转，在美国新冠疫情暴发之前，制造业的就业比重一直在不断下降。在这个意义上说，虽然从奥巴马政府到特朗普政府，美国一直都在强调制造业部门利益的实现以及就业机会的增加，但制造业部门并未呈现任何偏向性改善。美国制造业部门的复苏和发展更多地体现在绝对意义上，相对于美国国民经济中的其他部门而言，制造业部门的复苏和发展并没有呈现出任何特别之处。无论是制造业产值的增长还是制造业部门就业机会的增加，都更多源于美国经济整体的发展状况，与美国政府实施的旨在促进制造业部门发展的政策之间似乎并不存在特别强的关联性。这也就意味着，要么是美国政府宣扬的促进制造业部门发展的政策更多停留在口号层面，要么是美国政府没有能力解决美国制造业发展过程中所面临的关键问题。

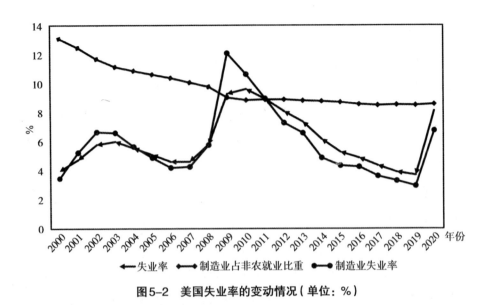

图5-2　美国失业率的变动情况（单位：%）

注：数据来源于美联储圣路易斯分行

　　从简单逻辑来说，制造业部门就业比重的下降一定意味着其他部门就业比重的提高。如果我们进一步考察美国大类产业工人就业的变动情况（见图5-3），还可以得出如下两个结论。第一，美国制造业部门的就业在整个就业中的比重不断下降，当前其占整个就业人数的比重已经不足10%。第二，在美国制造业部门就业人数下降的同时，服务业就业的人数却在不断上升。基于这两点结论，可以清晰地看到，制造业部门就业人数的下降其实与美国的对外贸易失衡没有实质性关系，也并不是中国或墨西哥抢走了美国的就业岗位，而只是发生了劳动力从制造业部门向服务业部门的跨部门流动。也就是说，在美国的制造业部门就业人数下降的同时，服务业部门的就业人数却在更快地增长。这一点，从美国整体较低的失业率数据来看，反映得其实非常明显。因此，站在这个角度来说，希望通过对外贸易失衡的调整来解决美国制造业部门的就业问题存在着逻辑上的悖论。即便制造业部门的就业人口有所增加，那也是以服务业部门的就业人口下降为成本的。同时，如果我们进一步去剖析劳动力从制造业部门向服务业部门流动的原因，很容易发现是服务业部门相对较高的劳动力要素报酬促进了劳动力要素的跨部门流动。而较高的劳动力要素报酬对应着劳动力较高的边际产出价值和劳动生产率。因此，劳动力的跨部门流动对应的是生产要素从低生产率部门向高生产率部门的转移，是符合要素的基本的配置规律的。人为的对其进行干预不但政策效果有限，还会产生不必要的要素配置扭曲，带来整体的经济福利损失。

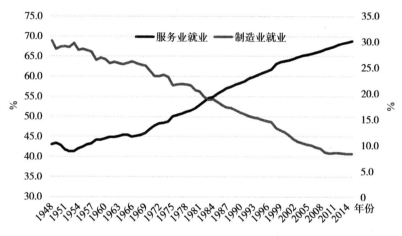

图5-3 制造业与服务业就业状况比较（单位：％）

注：数据来源于美国商务部经济分析局

（四）误区4：美国的贸易失衡源于不公平的贸易政策

在之前的分析中，我们一直在强调，对外贸易失衡并不是一个问题，无论是美国经济还是世界经济都在对外贸易失衡中获取了相应的收益。在接下来的讨论中，我们退一万步说，即便美国的对外贸易失衡是一个问题，并且切实损害了美国的经济利益，那对外贸易失衡的成因是否就如特朗普政府所言，源于美国所遭受到的不公平的对外贸易政策呢？答案自然是否定的。

首先，在经济理论层面来说，对于美国对外贸易失衡的成因，学术界早在2008-2009年美国金融危机之前便已开始了深入探讨，所分析的主要原因涉及美国财政赤字、高生产率、稳定的增长环境、美元中心地位、美国发达的金融市场、美国金融角色转换、东亚国家的过度储蓄等多个因素（Dooley 等，2006; Chinn and Ito, 2007; Lane and Milesi-Ferretti, 2005; Caballero 等，2008 等），但很少有研究指向中国等发展中国家的对外贸易政策。事实上，在时点上来看，美国对外贸易赤字快速扩大的时期恰好是中国入世以后大幅削减进口关税和人民币稳定升值的时期，如果中国的对外贸易政策和汇率政策起作用的话，那么，美国的对外贸易赤字的持续下降才符合经济学的基本逻辑。

其次，就现实实践来说，以中国为代表的发展中国家的对外贸易政策并不存在特朗普政府所谓的"不公平"。为了更清晰地说明这一点，我们在图5-4中给出了中美两国进口关税的变动情况。从图5-4可以看出，在所有时期，中国的进口关税都要高于美国的进口关税。2017年，美国的对外简单平均关税税率为3.36%，中国的对外简单平均关税税率则在8%以上，表面上看，似乎存在着关税税率的不完全对等。而特朗普政府口中不公平的对外贸易政策也正是源于这些数据。然而，进口关税税率的差异并不意味着中国对外贸易政策的不公平，对外贸易政策的公平与否不应仅仅比较关税税率的绝对高低，而更应该关注一国贸易竞争力的相对大小和贸易政策的历史变化。一方面，作为本国产品的保护屏障，一国对外进口产品关税的高低反映的其实是一国产品市场竞争力的高低，任何一个国家都不会忽略本国产品竞争力的水平而去设置关税。在中美两国的产品竞争力存在巨大差距的条件下，中美两国的进口关税水平不可能完全持平。另一方面，除去关税水平的横向比较，关税水平的动态变化更为重要。举例来说，中国的简单平均进口关税水平相比2001年降低了50%，加权平均关税水平的降幅则高达75%，而美国的加权平均进口关税则只下降了13%。因此，在这个角度上说，在贸易自由化的努力上，中国远比美国做得更多。

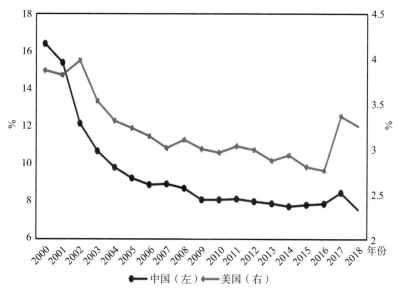

图5-4　中国与美国历年进口关税变化情况

注：数据来源于世界银行世界发展指数数据库

　　最后，如果仅仅比较关税税率的绝对水平，认为征收较高进口关税的国家就是针对其他国家实行了不公平的对外贸易政策，那关税税率的高低又如何判断呢？我们在表5-1给出了2018年世界上进口关税税率最高的十个国家以及关税税率最低的十个国家的关税税率以及变动情况。从表5-1可以看出，美国也并不是当前世界进口关税税率最低的国家，比美国进口关税税率低的国家还有很多。如果基于关税的绝对水平就说发展中国家实行了不公平的对外贸易政策，那美国相对于其他关税更低的国家是否也实行了不公平的贸易政策呢？因此，在这一点上来说，单纯的以进口关税税率绝对水平的高低来说明一个国家的对外贸易政策是否公平，是有失偏颇的。

表5-1　主要国家的进口关税税率

低关税国家	2000	2018	高关税国家	2000	2018
文莱	3.66%	0.16%	圣基茨和尼维斯联邦	14.34%	13.59%
新加坡	0.07%	0.58%	巴西	16.7%	13.46%
智利	9%	1.05%	多哥	14.35%	13.13%
毛里求斯	22.4%	1.21%	尼泊尔	14.41%	12.79%
秘鲁	13.2%	1.25%	巴基斯坦	24.05%	12.58%
阿尔巴尼亚	11.74%	1.47%	肯尼亚	20.9%	12.56%
老挝	9.36%	1.75%	阿根廷	15.22%	12.47%
加拿大	4.72%	1.99%	加纳	14.26%	12.39%
澳大利亚	6.55%	2.22%	坦桑尼亚	17.86%	12.26%
塞舌尔	27.22%	2.27%	安提瓜岛和巴布达	16.35%	12.23%

注：低关税国家是按照2018年各国关税税率由小到大统计的前10位国家，高关税国家是按照2018年各国关税税率由大到小统计的前10位国家。表中关税税率数据来源于世界银行世界发展指数数据库

二、经济再平衡的本质和方向选择

在上文的分析中，我们强调从奥巴马政府到特朗普政府，美国政府围绕美国对外贸易失衡的很多论述都带有较强的伪命题属性。随之而来的问题是，如果贸易赤字并非源于发展中国家的对外贸易政策，并且也符合美国的整体利益，那么在现实中，美国政府为什么实施了旨在调整对外贸易失衡的诸多措施？其真实意图到底如何？未来美国对外经济失衡的调整方向又是怎样？在这一部分，我们将对这些问题给出进一步的解答。我们认为，美国政府针对对外贸易失衡的调整并非一时的非理性行为，而是含有多个层面的利益诉求。

（一）缓解国内分配性矛盾在一定程度上可以解释美国失衡调整的逻辑

作为全球经济分工体系的引领者和游戏规则的制定者，在美国经济发展的过程中，美国历届政府一直致力于市场边界的拓展，力求将自由开放的市场经济原则从国内市场引入全球市场。这样一种市场经济逻辑的推广在表象上是为了满足全球范围内经济红利创造的需要，但实质上对应的是利益分配过程中的强权逻辑。也就是说，在经济全球化的分工体系下，作为世界经济霸权国家的美国一定是全球化红利分配过程中最大的受益国。但是，这一结论的成立一定是基于国内的利益分配体系良好运转的前提之下的。也就是说，由于国内不同产业的经济条件和竞争力存在着差异，在整体利益得到保障的同时，国内不同群体之间仍然存在着获益不均甚至某些群体受损的情况。此时，政府可以通过运转良好的利益再分配体系，使得每个群体都成为经济全球化的获益者。但从近几年美国的现实经济情况来看，虽然美国整体上依然可以在外部的自由化过程中不断获益，但在国内收入差距不断加大和公共服务提升缓慢的背景下，国内不同群体之间的分配性矛盾日益突出，而金融危机的发生则进一步激化了美国精英阶层和普通大众之间的矛盾，美国国内反对经济全球化的声音有所增强。此时，特朗普政府又适时地将美国经济发展中存在的问题与所谓的"不公平贸易"加以联系，这进一步助长了原本就已存在的针对"不公平"的经济全球化的不满情绪。因此，在美国中期选举以及大选的窗口期，即便特朗普政府认为贸易失衡不是个问题，即便特朗普政府清楚贸易摩擦无助于贸易失衡问题的解决，但在"贸易失衡""贸易摩擦""中国"等问题上来做文章，不但有助于缓解美国当前存在的分配性矛盾，也可以获取更多民众的选票支持。因此，在这个角度上来说，无论是奥巴马政府的再工业化政策，还是特朗普政府对于中美贸易失衡问题的关注都带有一定的政治作秀的成分。

（二）相对利益与贸易失衡的调整

从全球化的基本逻辑来看，伴随着市场边界的扩张，不同国家的共同利益在逐渐增加，这一点对于中美两国经济而言也不例外。虽然中美两国在经济全球化过程中的获益方式和获益大小存在着差异，但是两个国家在经济全球化过程中的"双赢"应该是基本的事实。然而，美国金融危机发生后，全球经济由繁荣转向萧条，在共同利益的创造愈发困难的背景下，取而代之的是对红利分配的关注（雷达，2010）。而对红利分配的关注不但体现为危机后日益增多的贸易摩擦和汇率摩擦，还体现在处于不同发展阶段国家的战略角力上。这一点，在中美两国之间也不例外。

中美两国作为全球经济失衡的两端，虽然存在着利益的共赢，但在中国经济地位逐渐上升，双方实力不断接近的情况下，势必会伴随着国际分工格局和利益分配格局的变化。相对于国家生存和发展的非零和博弈，新旧经济大国的博弈具有典型的零和博弈特征。也就是说，一国国际经济分工地位的提升必然意味着其他国家国际分工地位的下降，"赶超"与"抑制"的矛盾将不可避免。

从现实实践来看，虽然中美两国的实际收益难以准确衡量和比较，但从出口额、制造业产值、国内生产总值等统计数字的表现来看，中国又似乎是全球化过程中获益较大的一方，反映在统计数据上，便是中国经济的一些重要指标对美国的接近和超越。而近年来"一带一路"倡议的不断推进以及二十国集团在全球经济治理中作用的提升更是增加了美国国内对于中国经济崛起的担忧。在这样的背景下，抑制中国向美国经济实力的不断接近要比共同收益的获取重要得多，针对中国的贸易限制政策也更容易获得国内民众和政治团体的支持。而以制造业产品出口为重要动力的中国经济在危机初期良好的增长表现在进一步强化了美国对"赶超"国家的忌惮的同时，也使得制造业部门成为美国经济政策制定过程中率先针对的部门。

　　在这样的背景下，传统的领先国对相对利益的追逐可能会超过对绝对利益的关注，在成本承担能力占优的情况下，以短期的利益损失来换取长期的战略收益将成为最优决策。从现实情况来看，就美国的对外经济政策而言，早在奥巴马政府时期，无论是《美国制造业促进法案》还是"出口五年翻番计划"，其实都已经含有对抗中国经济崛起的含义，只是在表现形式上相对隐蔽和温和而已。而相对于奥巴马政府，特朗普政府主政美国以后采取的政策主张更为激进和直接，对中国经济的限制意图也更为强烈。因此，对外经济失衡的调整并不是美国政府的真正目的，对相对收益的追逐，对赶超国家的外在限制才是再工业化战略、贸易摩擦等再平衡政策推出的真正起因。

　　进一步说，再工业化战略的效果如何、贸易赤字的改善是否能够解决美国国内的问题、贸易摩擦是否对美国经济产生负向冲击、甚至经济政策是否会产生经济收益都已经不再重要，重要的是，中美两国在对外贸易失衡调整过程中谁的损失更大，以及哪一个国家承担损失的能力更强。在全球经济失衡调整的过程中，调整成本相对较小、成本承担能力相对更强的国家尽管在一定时期内会出现经济增长的停滞，但从长期战略的角度讲，其相对经济实力却可能会得到进一步的增强。对于美国政府而言，只要美国承担损失的能力更强，即便是为了贸易摩擦而进行贸易摩擦，即便是为了调整失衡而调整失衡，美国都可能是有利可图的。当然，这种利益并不是源于美国所能获取的绝对经济收益，而是源于对新兴国家加以限制的战略收益。这一点，其实是与20世纪80年代"广场协议"下的失衡调整策略相统一的。

　　以"广场协议"为例，在1985年，美国在对外贸易赤字规模占国内生产总值比重仅有3%的背景下，以国际收支失衡为由强硬要求日元升值以进行对外失衡的均衡调整。从调整的短期效果来看，伴随着美国对外贸易赤字的逐渐消除，美国的国内产出增速也一路下滑。1991年，美国的贸易赤字几近消除，而产出增长却也呈现1981年之后的首次负增长。从这个角度来说，即便对于美国而言，由其发起的失衡调整策略的短期成本也是巨大的。但问题在于，虽然美国承担了对外失衡调整的短期成本，但从国家制约的角度来看，其长期的战略收益却非常显著。从1990年开始，美国的经常项目账户再度出现逆差并持续增加，随之而来的是新经济增长的黄金十年。与之相对应，在美国经济重现逆差的同时，日本的世界顺差大国的地位却在逐渐下降，美日逆差占美国贸易逆差的比重从1992年的75%下降到了1999年的27%，日本产出增速停滞不前。美日实际国内生产总值的比值也从1985年的2.3倍扩大到了2000年的2.7倍。①

虽然我们并没有充分的理由来表明在20世纪80年代美国通过放弃追逐绝对收益，采取"自损八百"的代价来换取"杀敌一千"的相对收益，但必须看到的是，从美国经济历次调整的过程来看，尽管美国也部分承担了调整的成本，但在调整过后，随着新一轮全球经济分工的出现，美国的收益却仍然能够得到保障。而对于其他外围国家而言，在承担了调整的成本之后，其经济增长的长期收益却很难得到保证。

同时，需要提及的是，相对于日本经济的"体制内崛起"，由于中美两国在政治体制和观念认同上的差异，资本主义政治体制外的中国在国际经济地位提升的过程中所面临的外部压力要更为突出。对于中国这样一个体制外经济的崛起，美国国内一直是非常敏感和紧张的。在这个角度上说，中美两国共同观念和制度协调框架的缺失进一步放大了中美两国"赶超"与"限制"的矛盾，这既带来了中美两国在汇率政策和对外贸易政策上的激烈冲突，也进一步凸显了失衡调整对领先国家的重要意义。

---

① 数据分别来源于美国商务部经济分析局和世界银行世界发展指数数据库。

（三）服务贸易元素的引入是经济再平衡的重要方向

虽然从意图上来讲，美国政府针对中美贸易失衡的调整旨在抑制中国的崛起，但在中美两国共同利益逐渐增多，且相互依赖程度趋于对称的背景下，中美两国博弈的过程中，美国政府并无全身而退的把握，无论是奥巴马政府还是特朗普政府，针对中国的贸易摩擦和限制政策还带有很大的试探性成分。这就意味着，虽然在短期内，中美经济失衡的调整可以以看似激烈的方式进行，但在长期内，激烈的对抗不会成为常态。美国围绕中美贸易失衡调整的政策目的仍然在于更多利益的实现。也就是说，对于美国政府而言，能够通过贸易平衡的方式对中国经济的进一步发展形成限制虽然是最优的战略方案，但站在经济利益的角度，缩减中美贸易失衡对美国经济也并无益处。

虽然简单的贸易失衡规模的调整对于美国经济和世界经济而言意义不大，但是如果在贸易失衡规模基本保持不变的情况下，贸易失衡的结构能够有所调整，此时也有可能产生新的利益源泉。从未来美国经济失衡调整的可能方向来看，在缺乏突破性技术进步或制度性创新的情况下，无论是全球分工体系还是美国国内供给结构，都不可能出现大的调整。这就意味着传统模式下的失衡调整面临着很大的困难，即便失衡的规模能够调整，也会产生较高的调整成本。此时，如果能依赖于美国当前有竞争优势的产业，通过新贸易元素引入下的边际调整来实现生产能力的扩张以及出口的增长，那么就有可能在改善美国经济贸易平衡的同时，还能带来新的经济增长机会。

在可供选择的竞争优势行业中，美国服务业部门无疑是最具优势的产业部门，但在高贸易成本的制约下，很多服务业都成为事实上的非贸易部门。事实上，就美国国内的经济结构和产业竞争力的分布而言，美国的产业竞争力是随着产业的可贸易性在不断下降的（于春海，2014），美国诸如金融服务业等真正有竞争力的产业由于相对较低的可贸易性，对应的主要是美国国内市场。而在可贸易部门，只有诸如原材料等有限的产品具备国际竞争力。也正是在这个意义上，我们才认为致力于现有贸易框架下既有产品出口空间的提升，收益要远远小于在对外贸易中引入新的贸易元素，即提高国内服务业部门的可贸易性。如果能够通过双边和多边贸易与投资体制的完善，降低美国服务业进入国际市场的贸易成本、提高相关产业的可贸易性，将会使得美国出口迅速增长和贸易逆差大幅度降低。这一调整主要是通过提高原有非贸易品行业特别是服务和高技术产品的可贸易性来实现的。这里发生的变化并不是资源的跨行业流动，而是相关行业产出的可贸易性的变化，特别是政策性贸易壁垒的降低。所以，这种变化不会导致就业创造能力下降、生产效率损失或正外部性损失，总产出也就不会降低。而且，随着服务业的可贸易性的提高，服务业产出能够摆脱国内需求的约束，以更快的速度增长，从而创造出更多的就业机会，为整体经济增长提供更大的推动力。这是以最小的成本和负面影响推动美国贸易收支改善的方式。

相对于商品交易，金融服务业等产业所面临的贸易壁垒并不在于关税和运输成本，而在于制度层面的市场准入壁垒和交易环境。因此，如何促使其他国家进一步开放市场并接纳和建立美国主导的贸易协议便成为重中之重。

从推动服务业市场准入和贸易自由化谈判的方式来看，多边和双边的渠道都是可行的选择。在具体的路径设计中，奥巴马政府更多地倾向于多边方案，企图通过跨太平洋伙伴关系协定（Trans-Pacific Partnership Agreement，TPP）或者跨大西洋贸易与投资伙伴协议（The Transatlantic Trade and Investment Partnership，TTIP）这些高标准贸易协定的签订，在将服务业部门纳入未来贸易自由化的框架的同时，也将中国排除在这些贸易协定之外，达到孤立中国经济发展的目的。相较于奥巴马政府多边框架下的路径选择，特朗普政府则更多地倾向于激进的双边的努力。因此，在美国退出跨太平洋伙伴关系协定协定之后，特朗普政府主动挑起中美两国围绕贸易平衡的贸易摩擦，妄图通过"以战促谈"的方式，既可以为美国对外贸易中新贸易元素的引入提供可能，又可以促使中国弱势的服务业部门进入到国际竞争之中，达到限制中国经济发展的目的。

因此，无论是奥巴马政府时期的再工业化政策，还是特朗普政府时期针对中国的贸易摩擦，调整贸易失衡以促进产业的均衡发展都不是美国政府的真正目的，美国政府平衡贸易失衡的真正目的仍然在于通过再工业化或者"以战促谈"的方式来获取其他的更大的利益诉求，促使对外贸易失衡的调整能够沿着美国希望的方向进行。以301条款为例，美国的真正指向并不在于既有的中国向美国的出口产品，而是盯住了知识产权、市场进入、金融开放等更为广泛的领域。

从当前的情况来看，在高贸易成本的限制下，尽管美国的服务业还不具备全面出口的条件，但从美国当前对外经常账户平衡调整的构成来看，服务贸易出口在美国再平衡调整中的作用正在逐渐显现。图5-5给出了美国服务贸易平衡相对于货物贸易平衡的变化情况。从图5-5可以看出，从出口增速来看，服务出口的增长速度整体上快于货物贸易，在服务贸易出口基数相对较小的情况下，服务贸易出口与货物贸易出口的比重仍然从2002年的0.4缓慢上升到了2014年的0.44。2018年，美国服务出口占货物出口的比重已经达到0.5左右。更为重要的是，服务贸易的顺差已经成为美国贸易再平衡的重要手段。在2002年，服务贸易顺差占货物贸易逆差的比重只有12%，而在2014年之后，这一比重已经快速上升并基本稳定在30%左右。从长期趋势来看，伴随着拜登政府主政美国，美国推进经济再平衡的路径有可能重回奥巴马政府时期的多边框架，美国未来极有可能在多边范围内推动各层次国际磋商机制的建立和发展，跨太平洋伙伴关系协定和跨大西洋贸易与投资伙伴关系协定等亚太欧洲地区高质量自由贸易协定的重启也存在着一定的可能。果真如此，美国服务业的对外贸易成本会进一步降低，服务部门的出口扩张也将成为美国再平衡调整的最可能路径。

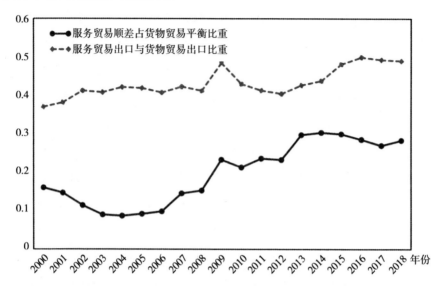

图5-5　美国服务贸易平衡相对货物贸易平衡的变化情况

注：数据来源于联合国贸易数据库

三、本章小结

本章主要围绕美国调整贸易失衡的真实意图进行讨论。

我们认为，纵向来看，当前美国的经济失衡水平仍然处于历史低位，只是美国政府人为地放大了对这一问题的关注。同时，保持一定规模的赤字水平不但无害于美国的就业问题，也在一定程度上有助于美国整体利益的实现，但美国政府有意或无意地忽略了这些收益的存在。

美国贸易失衡调整的真实意图并不在于对风险的控制以及对制造业部门就业问题的关注，缓解国内的分配性矛盾虽然可以在一定程度上解释美国贸易失衡的调整逻辑，但美国贸易失衡调整的真实意图仍然在于对中国经济进一步发展的遏制和实现更多的利益诉求。这其中，提高服务业部门的可贸易性是美国再平衡调整最可能的政策指向。

第六章　世界经济格局的调整：
　　　　基于相互依存视角

6

中美两国是当前世界经济中最重要的两个经济体，由中国和美国这两个国家通过分工、贸易和投资所形成的世界分工与贸易结构几乎决定着其他国家在国际分工和贸易中的地位。在这个意义上，世界经济格局的调整取决于中美两国之间的经济关系的变化，在中美两国的经济关系和经济分工发生变动的背景下，世界经济格局也会产生相应的调整。从现实情况来看，伴随着美国经济失衡的调整，特别是在强调"美国优先"和"让美国再次强大"的特朗普政府主政之后，中美两国之间的经济关系受到一定程度的冲击，有关中美经济脱钩以及世界经济格局调整的观点也开始不断出现。在这样的背景下，本章尝试从相关依存的视角出发，重点讨论中美经济之间的相互依存特征，并借助于此尝试为世界经济格局调整方向的判断提供更多证据。

相互依存这一概念最早由美国经济学家理查德·库珀（Richard Cooper, 1968）提出，但真正将相互依存这一概念理论化并对未来研究产生重要影响的是美国学者罗伯特·基欧汉（Robert Keohane）和约瑟夫·奈（Joseph Nye）。在《权力与相互依存：转变中的世界政治》一书中，罗伯特·基欧汉和约瑟夫·奈建立了"一个清晰的理论框架"。他们指出，"相互依存指的是国家之间或者不同国家中行为体之间相互影响的情形"，"当交往活动产生彼此都付出代价的结果时，就存在相互依存"。为了更好地理解相互依存，他们还定义了相互依存的"敏感性"和"脆弱性"这两个相互依存的重要特征。敏感性指的是"一国变化导致另一国发生有代价的变化的速度有多快，所付出的代价有多大"，描述的是现有规则不变的情况下一国受外来变化影响的速度和深度，指的是一国的承受力；而脆弱性是指在存在多种选择的情况下"行为体因外部事件强加的代价而遭受损失的程度"，反映了一国在面对外来变化时进行政策调整和改变以抵消或减轻上述结果的能力和难度，指的是一国的应变力。在真实的国际贸易中，一般从两国之间的贸易比重的角度考虑"敏感性"特征，从本国的贸易伙伴的可替代性的角度考虑"脆弱性"特征。

从现有研究来看，也有学者就中美两国经济的相互依存状况进行了分析。宋国友（2007）通过对双边贸易、贸易结构、投资关系以及国债购买等四方面的数据分析，认为美国拥有中美经济相互依存的不对称权力。高尚涛（2010）同样认为中美之间的相互依存是不对称的，中国对美国的依存相对较强，美国对中国的依存相对较弱。项卫星和王冠楠（2012）认为，中美之间的经济相互依存主要表现为非对称的双边资本循环；中国在中美经济相互依存关系中的敏感性和脆弱性，远远高于美国。汤普森（Thompson，2010）指出，中美经济相互依存增加了中国出口型经济的脆弱性，当前中美经济相互依存的国内和国际政治复杂性已成为结构性的国际经济问题。从现有研究来看，当前研究大多在加总意义上就中美两国经济的相互依存状况进行考察，在微观层面就中美两国相互依存程度进行分析的文献相对较少。

具体分析时，本章尝试从相互依存的"敏感性"和"脆弱性"出发，在宏观层面就中美两国的贸易状况进行分析的基础上，进一步考察中美两国相互依存的微观特征。同时，由于现有研究对中美两国相互依存的总量考察更多的带有相互依存的"敏感性"特征的分析，很少讨论当中美两国贸易中断时寻找替代市场的可能性，在本章的分析中，我们结合中美两国对外贸易的主要产品，从相互依存的"脆弱性"出发，来讨论中美两国在彼此对外贸易中的地位、可替代性以及中美贸易摩擦对可能的世界贸易格局变动的影响。

一、宏观层面贸易的相互依存

（一）双边贸易依存度

从中美两国双边贸易占总贸易和国内生产总值的比重来考察中美经济的相互依存是最为简单和基本的方式，巴贝利（Barbieri，1996）就曾用双边出口额占本国出口总额的比重以及双边贸易额占本国贸易总额的比重来衡量两国经济在贸易领域的相互依存。同时，注意到与传统贸易理论对出口贸易的强调不同，由于居民消费在美国经济增长中的重要作用，进口贸易的持续发展也是美国经济增长的重要动力。因此，为了更为细致地考察中美双边贸易在两国对外贸易中的作用和地位，我们分别计算了中美双边贸易中出口占总出口和国内生产总值的比重以及进口占总进口和国内生产总值的比重，结果见图6-1与图6-2。

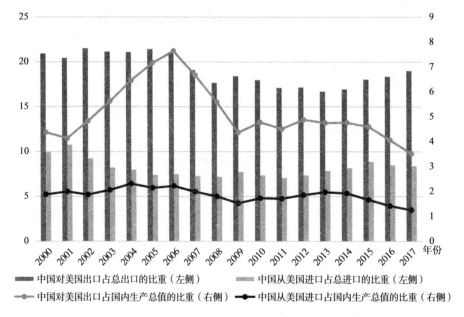

图6-1　2000—2017年中美贸易依存度的变化情况（单位：%）

注：数据来源于联合国贸易数据库以及世界银行发展指数数据库，并由作者整理得到

从图6-1和图6-2可以看出，整体而言，中国对美国的贸易依存要大于美国对中国的贸易依存，但与此同时，这种不对称性也在逐渐降低。

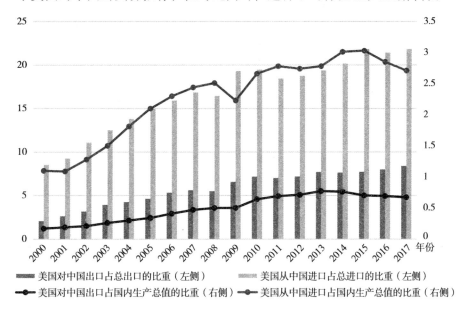

图6-2　2000-2017年中美贸易依存度的变化情况（续；单位：%）

注：数据来源于联合国贸易数据库以及世界银行发展指数数据库，并由作者整理得到

首先，在2000-2007年之间，中国对美国出口占总出口的比重大部分年份都在18%~20%左右，远大于与之相对应的美国从中国进口占总进口的比重，说明金融危机前中国对美国的出口依存大于美国对中国的进口依存。美国金融危机后，中国对美国出口占总出口的比重下降到18%左右，而美国来自中国的进口比重则超过了19%。这说明，如果考虑到出口和进口在中美两国经济发展中的重要作用，那么中美两国的贸易依存已经呈现对称的趋势。同时，需要特别指出的是，虽然金融危机后中美两国贸易的对称性特征加强，但这样的一种趋势更多的是历史趋势的延续，金融危机的发生对中美两国相互依存特征的影响并不明显。以美国对中国的进口依存为例，在过去的十几年时间里，美国对中国的进口

依存一直不断大幅增加，进口比重从2000年的8.55%一直上升到了2016年的21.85%，超过了中国对美国的出口比重19.01%，只不过金融危机的发生进一步强化了这样的一种趋势变化。

其次，在中国从美国的进口方面，在2000-2017年之间，中国从美国的进口比重在逐渐下降，从2000年的10%缓慢下降后保持在2017年的8%左右；而美国对中国的出口比重在逐渐上升，由2000年的2.08%上升到了2017年的8.40%。这说明中国对美国的进口依存虽然在大部分时期仍然大于美国对中国的出口依存，但相互依存程度的不对称特征在逐渐弱化，中国对美国出口这一层面的贸易依存向对称方向调整的趋势也非常明显。

最后，考察中美进出口贸易占国内生产总值的比重，发现中美贸易依存向对称方向调整的趋势也更为明显。2000年，中国对美出口和从美国进口占国内生产总值的比例分别为4.37%和1.88%，之后陆续上升，在2006年，分别上升到了7.64%和2.22%，金融危机发生后，对外贸易在中国经济增长中的作用开始有所下调，中国对美出口和进口占国内生产总值的比重也出现下降趋势，但在2011年，中国对美出口和进口占国内生产总值的比重仍然分别达到了4.51%和1.71%。近些年来，随着中国经济体量的快速攀升，到2017年底，中国对美出口和进口占国内生产总值的比重逐渐下降到了3.52%和1.26%。而在美国方面，在美国经济规模较大的前提下，美国对中国的贸易在国民经济发展中的地位相对较低。美国从中国的进口占国内生产总值的比重在最高的2015年也只有3.03%，对中国的出口占国内生产总值的比重更是一直在0.8%以下。这说明中美经济之间的相互依存在逐渐地加深，但非对称依存的特点依然存在。应该注意到的是，中美经济之间的这种非对称依存的程度也是在逐渐地缩小，在2000-2017年之间，美国对中国出口和进口占国内生产总值的比重分别增加了3.0和1.5倍，而中美对美国出口占国内生产总值的比重却下降了20%，进口占国内生产总值的比重则下降了33%。

（二）中美两国的贸易结构比较

不同的贸易产品在需求弹性、供给弹性、技术水平和产品附加值上往往存在着较大的差异。在商品贸易中，这些差异继而导致了贸易利益分配上的差异，而这又间接反映了两国经济的相互依存程度。因为，为了更为具体地考察中美两国经济之间的相互依存特征，我们在对贸易规模考察的基础上，也对中美两国的贸易结构进行考察。下面，我们计算了中美双边出口中每类产品在总出口中所占的比重以及中美两国在某一类产品上的贸易互补性指数，结果见表6-1。

从表6-1可以看出，从中美两国的贸易结构所反映出来的中美经济之间的相互依存主要有以下几个特征。

1. 从贸易产品的构成上看，中国对美国的出口主要集中在按原料分类的制成品、杂项制品等劳动密集型产品和以机械运输设备为主的资本密集型产品上；而美国对中国的出口主要集中在非食用原料和以化学相关产品、机械和运输设备为主的资本密集型产品上。其中，在机械和运输设备产品上，中美两国向对方的出口在总出口中均占有较大的比重，且贸易互补性指数逐渐上升，表现出很强的产业内贸易特征，说明中美两国在这一产业内的分工协作日益密切，相互依存加深。同时，在按原料分类的制成品、杂项制品、非食用原料以及化学相关产品这些产业上，中美两国的出口商品结构符合两国的比较优势，反映了中美两国共同利益的存在，有利于促进中美两国相互依存程度的提高。

2. 共同利益的存在并不意味着利益分配的均衡，相互依存的对称性与否才是利益分配的关键。由于劳动密集型产品的价格弹性比较高，而资源性产品、资本和技术密集型产品的价格弹性比较低。这种产品价格弹性的不对称直接导致了中美两国经济相互依存程度出现了一定的不对称情况。在劳动密集型产品价格发生变动时，美国从中国的进口需求会发生较大的变动，很容易转向其他国家进口价格更为低廉的产品。而当资源性产品、资本和技术密集型产品的价格发生变化时，中国进口需求的变动不大，从美国以外的国家寻找替代产品的机会也非常少，仍会保持从美国的进口。从这个角度上讲，在当前中国对美国出口劳动密集型产品而进口资本密集型产品的贸易格局下，中国对美国劳动密集型产品的供给依存要大于美国对此类产品的需求依存，而中国对美国资源性产品和资本密集型产品的需求依存也要大于美国对此类产品的供给依存。

3. 从商品构成的变化趋势上来看，在2005-2016年间，中国对美国出口的初级产品在全部产品出口中的比重变化不大，劳动密集型产品的比重略有下降，从2005年的45.37%下降到了2016年的44.83%，而资本密集型产品的出口比重略有上升，从2005年的51.8%上升到了2016年的52.6%。与之相反的是，美国对中国资本密集型产品的出口比重却是逐年下降，从2005年的56.73%下降到了2016年的43.16%。这种商品构成的变化趋势反映了中国对美国出口中商品结构的不断优化和贸易利益的不断增加，也说明中美经济之间不对称依存的程度在逐渐地缩小。

表6-1　2005-2016年中美双边贸易的商品结构

（单位：%）

年份	初级产品					劳动密集型产品		资本密集型产品		
	食品和活动物	饲料和烟草	非食用原料	矿物燃料、润滑油相关原料	动植物油脂及腊	按原料分类的制成品	杂项制品	化学和相关产品	机械和运输设备	未分类的商品
	1.50	0.01	0.59	0.67	0.01	13.94	31.43	2.98	48.82	0.05
2005	2.69	0.04	23.66	0.32	0.05	7.40	7.37	12.10	44.63	1.75
	(0.35)	(0.20)	(0.15)	(0.25)	(0.04)	(1.04)	(2.95)	(0.30)	(1.21)	(0.08)

续　表

年份	初级产品					劳动密集型产品		资本密集型产品		
	食品和活动物	饲料和烟草	非食用原料	矿物燃料、润滑油相关原料	动植物油脂及腊	按原料分类的制成品	杂项制品	化学和相关产品	机械和运输设备	未分类的商品
	1.63	0.01	0.55	0.71	0.01	15.06	29.46	2.84	49.69	0.05
2006	2.59	0.15	24.89	0.37	0.13	6.81	6.88	10.89	45.99	1.30
	(0.36)	(0.18)	(0.11)	(0.25)	(0.05)	(1.16)	(2.83)	(0.30)	(1.20)	(0.05)
	1.71	0.02	0.50	0.55	0.01	14.32	30.52	2.90	49.42	0.06
2007	2.99	0.14	25.38	0.46	0.26	6.40	6.19	12.73	44.45	1.00
	(0.31)	(0.17)	(0.09)	(0.15)	(0.02)	(1.04)	(3.10)	(0.34)	(1.36)	(0.05)
	1.82	0.01	0.57	0.93	0.01	14.45	30.27	3.85	48.01	0.07
2008	3.25	0.20	28.15	0.62	0.23	7.04	6.54	13.01	40.02	0.94
	(0.26)	(0.16)	(0.09)	(0.16)	(0.03)	(1.11)	(3.12)	(0.42)	(1.43)	(0.03)
	1.93	0.02	0.42	0.31	0.02	11.97	32.24	3.46	49.56	0.08
2009	3.53	0.24	30.14	0.76	0.10	5.97	6.83	14.51	29.40	8.51
	(0.28)	(0.18)	(0.07)	(0.14)	(0.02)	(0.96)	(3.01)	(0.37)	(1.54)	(0.03)
	1.85	0.01	0.44	0.31	0.02	11.94	31.65	3.60	50.12	0.05
2010	3.49	0.23	29.84	1.45	0.47	5.47	6.94	13.82	30.61	7.69
	(0.30)	(0.18)	(0.06)	(0.13)	(0.02)	(0.99)	(3.10)	(0.39)	(1.57)	(0.02)
	1.86	0.01	0.51	0.33	0.03	12.48	30.89	4.04	49.80	0.05
2011	4.73	0.19	31.06	1.93	0.18	5.22	6.81	13.81	28.92	7.15
	(0.30)	(0.17)	(0.06)	(0.11)	(0.02)	(1.04)	(3.16)	(0.44)	(1.63)	(0.03)
	1.79	0.01	0.52	0.37	0.03	12.28	31.21	3.81	49.97	0.00
2012	5.77	0.20	32.11	2.21	0.32	5.17	7.32	12.00	26.58	8.33
	(0.30)	(0.19)	(0.06)	(0.09)	(0.02)	(1.16)	(3.27)	(0.41)	(1.68)	(0.01)
	1.72	0.02	0.48	0.35	0.03	12.46	31.60	3.75	49.59	0.00
2013	6.98	0.24	26.75	2.30	0.15	4.90	7.19	11.12	28.78	11.60
	(0.29)	(0.18)	(0.06)	(0.09)	(0.03)	(1.20)	(3.37)	(0.40)	(1.70)	(0.01)
	1.63	0.01	0.48	0.33	0.02	12.56	30.81	3.82	50.34	0.00
2014	5.89	0.27	25.09	1.43	0.13	5.18	7.13	11.11	31.38	12.38
	(0.29)	(0.18)	(0.07)	(0.09)	(0.03)	(1.26)	(3.16)	(0.42)	(1.57)	(0.02)

续　表

年份	初级产品					劳动密集型产品		资本密集型产品		
	食品和活动物	饲料和烟草	非食用原料	矿物燃料、润滑油相关原料	动植物油脂及腊	按原料分类的制成品	杂项制品	化学和相关产品	机械和运输设备	未分类的商品
	1.57	0.01	0.41	0.23	0.02	13.00	33.29	3.58	47.88	0.00
2015	6.61	0.26	20.88	1.91	0.04	4.38	8.03	11.81	31.88	14.19
	(0.29)	(0.21)	(0.07)	(0.09)	(0.03)	(1.25)	(2.88)	(0.42)	(1.48)	(0.02)
	1.68	0.02	0.40	0.33	0.02	12.01	32.82	3.58	49.01	0.12
2016	4.81	0.25	23.21	2.28	0.13	4.44	8.16	11.99	31.16	13.57
	(0.32)	(0.24)	(0.07)	(0.11)	(0.03)	(1.23)	(2.80)	(0.43)	(1.43)	(0.04)

注：(1)以上产品是按国际贸易标准(SITC)第三版分类原则进行分类，单元格中第一行的数字代表中国对美出口的此类产品占对美出口总额的比重，第二行的数字代表美国对中国出口的此类产品占对华出口总额的比重，括号中的数字为此类产品的贸易互补性指数；(2)贸易互补性指数以美国的贸易伙伴国对美国的出口进行计算，计算方法请参看于津平(2003)；(3)数据来源于联合国贸易数据库，并由作者计算得到

二、微观层面贸易的相互依存

在上文中，我们主要从中美贸易宏观层面对中美两国贸易依存情况进行了分析，但是在世界经济贸易中不同具体产品贸易的实际情况区别较大，只采用宏观层面数据进行分析容易遗漏微观层面关键信息，为了进一步分析中美贸易依存的微观具体情况，我们使用了微观层面的产品贸易数据进行分析。

（一）中国对美国的贸易依存情况

由于出口贸易对于当前中国经济发展而言具有更为重要的意义，因

此，限于篇幅，我们重点就中国出口贸易对于美国市场的依存情况进行分析。整体而言，由于中美两国经济体量不断增大，两国经济联系愈发紧密，当前中国出口贸易对美国市场的依存程度还相对较高。但对于不同地区、不同类型的企业而言，依存程度仍然会存在着一定的差异。接下来，我们将从如下几个不同的维度进行论述。

1. 出口份额的整体分布情况

参照上文中我们对贸易依存度的衡量，采用微观产品贸易数据计算出中国对美国出口的各类产品贸易额占该类产品中国对世界出口的份额分布情况，并使用正态分布曲线拟合，结果见图6-3。

从图6-3可以看出，中美两国的微观产品层面所反映出来的中国对美国的贸易依存主要有以下两个特征：

（1）从微观产品的贸易分布情况来看，中国对美国的出口贸易仍然存在一定的依存，但不同的产品依存程度存在着显著差异。2016年中国向世界出口的产品种类为7648种①，在这些产品中，对于大部分产品来说，中国对美国出口的产品占该类产品对世界出口的份额都分布在0%~20%的范围区间，这一数值高达5940；少部分产品份额分布在20%~60%的范围内，有1536种；极少部分产品分布在60%~100%的范围内，有172种。结合这些数据，我们可以得出结论：对于绝大多数产品而言，中国出口的产品对美国市场的依存程度不高，都可以找到出口的替代国。事实上，如果考虑到美国经济规模约占世界经济规模的四分之一，理想情况下，这种出口依存的程度在世界各国应该是普遍存在的情况。同时，少部分产品份额分布在20%~60%的范围内，表明这些产品对美国的贸易依存程度较高，难以找到出口替代国，容易受到美国市场条件变动的影响。极少部分产品份额分布在60%~100%的范围内，这些产品的出口主要销往

---

① 此处的产品分类基于HS产品8位数分类。

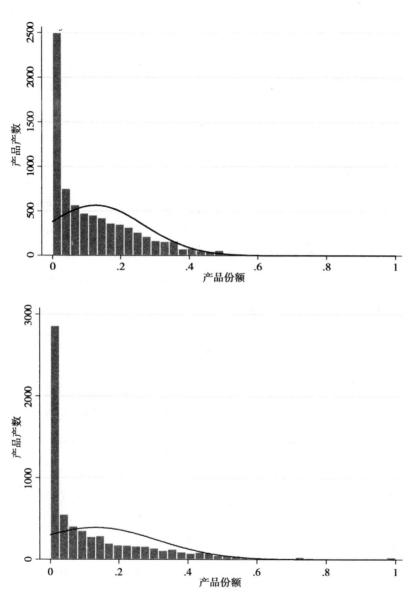

图6-3 中国对美国出口产品的份额分布

注：数据来源于中国海关数据库，产品分类基于8位数HS分类，上图对应着2000年数据，下图对应着2016年数据

美国，对美国市场条件的变动最为敏感。

（2）在2000-2016年期间，中国对美国的产品出口依存情况发生了很大的变化。整体来看，2016年的产品份额分布相比2000年更加集中，大部分产品的依存程度都有所上升。与此同时，一些依存程度比较极端的产品（0%，60%~100%）数量显著下降。产品份额处于0%~5%范围内的产品数量有所减少，产品份额处于5%~50%范围内的产品数量显著上升，这表明大多数产品对美国贸易依存程度有所增加，同时产品份额处于60%~100%范围内的产品数量显著下降，这表明现有产品出口基本不再完全依存美国市场。这种产品出口份额的变化趋势反映了中国对美国出口中产品结构的不断优化和贸易利益的不断增加，也说明中美经济之间不对称依存的程度在逐渐地缩小。

需要提及的是，从结论上来看，微观视角下的分析与宏观分析的结论并不完全一致，但这并不意味着结论的相互矛盾。前文宏观层面的分析主要侧重于贸易总量的讨论，而此处的分析主要侧重于产品种类的分析。前者对应的是加总意义上的宏观特征，后者对应的是市场开拓的多元化进程。

2. 不同贸易方式和企业对美国市场的依存情况

一般来说，贸易方式主要可以分为一般贸易和加工贸易等。一般贸易（General trade）是指中国境内有进出口经营权的企业单边进口或单边出口的贸易。加工贸易（Processing trade），是指经营企业进口全部或者部分原辅材料、零部件、元器件、包装物料（以下简称料件），经加工或装配后，将制成品复出口的经营活动，包括进料加工、来料加工、装配业务和协作生产等类型。其中，加工贸易与中间品以及全球价值链分工的联系更为紧密。所以，考虑到中国对外出口贸易中不同产品（是否与中间产品有关）的差异，为了更加全面深入地研究出口产品对美国的贸易依存程度，我们决定对贸易方式进行分类剖析，结果见图6-4。

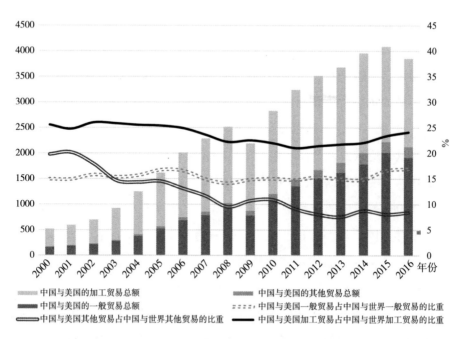

图6-4 2000-2016年中国与美国各类贸易额及所占世界份额（单位：亿美元）

注：数据来源于中国海关企业数据库

从图6-4可以看出，在区分了贸易方式以后，中国对美国市场的贸易依存主要有以下特征。在中国对美国所有的出口贸易中，加工贸易总额一直占有较高的比重，在2015年之前，加工贸易形式在中国出口美国的所有贸易形式中占据主导地位，即使在2008~2009年间遭遇金融危机，加工贸易总额也只是略微下降。虽然在2015年之后，中国对美国出口的一般贸易总额超过加工贸易总额，但是值得注意的是，加工贸易仍然占总贸易额比重的42%以上。由于加工贸易更多地反映了全球价值链分工的影响，如果将此因素考虑在内的话，中国对美国市场的依存将会在一定程度上有所减轻。

经过对不同方式的中美贸易研究之后，我们发现加工品贸易对于美国贸易的依存程度更高，而从中国国情出发，从事加工品贸易的企业大多数为外商独资、中外合资或者私营企业。由于不同经营类型企业贸易方式、出口产品和贸易额区别较大，所以，为了更加全面深入地研究出口产品对美国的贸易依存程度，我们决定从微观产品层面对企业类型进行分类研究，结果见表6-2。

表6-2　2000年、2007年与2016年中国各类型企业对美国的出口情况

（单位：亿美元）

企业类型	2000年对美国出口额（亿美元）	占其对世界的出口份额	2007年对美国出口额（亿美元）	占其对世界的出口份额	2016年对美国出口额（亿美元）	占其对世界的出口份额
国有企业	212.00	18.28%	318.00	14.45%	287.00	13.35%
中外合作企业	23.30	23.44%	34.40	19.66%	18.20	18.48%
中外合资企业	94.70	18.83%	368.00	19.07%	506.00	19.92%
外商独资企业	170.00	28.72%	1160.00	24.63%	1630.00	24.96%
集体企业	17.80	16.79%	77.80	17.02%	60.70	12.97%
私营企业	3.32	13.95%	327.00	13.40%	1350.00	14.74%

注：数据来源于中国海关企业数据库，产品分类基于8位数HS分类

表6-2展示了2000年、2007年与2016年中国不同经营类型的企业对美国的出口额及所占世界份额情况（已忽略了贸易额小于5亿美元的企业类型）。从对美出口总额来看，2000年对美国出口额处于前三位的企业类型分别是国有企业、外商独资企业和中外合资企业；2007年依次为外商独资企业、中外合资企业和私营企业；2016年则依次为外商独资企业、私营企业和中外合资企业。这是因为随着中国改革开放的不断深入，吸引了大量外商独资企业在中国投资建厂，同时政策环境的支持也使得大量民营企业更加活跃，因此呈现出外商独资企业、私营企业和中外合资企业逐渐成为对美出口主力的局面。

从各类型企业对美国的出口占其自身对世界总出口的份额来看，2000年该份额位于前三位的企业类型分别是外商独资企业、中外合作企业和中外合资企业；2007年依次为外商独资企业、中外合作企业和中外合资企业；2016年则同样为外商独资企业、中外合资企业和中外合作企

业。由此可见，对美国出口额较大的企业类型是对美依存程度较高的企业，而这些外商独资或中外合资企业与美国企业又有着密不可分的关系，这在一定程度上减轻了中国对外贸易对于美国市场的单向依存。

（二）美国对中国的贸易依存情况

关于中国出口产品对美国贸易依存程度方面的研究，前人已经从多种角度进行了分析，但是，很少有学者详细分析美国对中国市场的依存程度，使用微观层面贸易数据分析美国对中国贸易的依存的研究更是少之又少。所以接下来，我们将继续基于产品层面的微观数据，从进口与出口两个角度分别分析美国对中国的贸易依存程度。

1. 进出口产品的分布情况

参照上文中我们从产品层面就中国对美国出口的贸易依存情况的分析，我们首先采用微观层面的贸易数据计算出美国对中国出口的各类产品贸易额占该类产品中国对世界出口的份额分布情况，并使用正态分布曲线拟合，结果见图6-5。

从图6-5可以看出，中美两国的微观产品层面所反映出来的美国对中国市场的出口贸易依存主要有以下两个特征：

（1）总体来看，就产品分布而言，美国对中国的出口贸易存在着一定的市场依存，但依存程度相对不高。2016年美国出口的产品种类为4768种，美国对中国出口的产品占该类产品对世界出口的份额主要分布在0%~20%的范围内，总共有4473种；少部分产品（211种）份额分布在20%~40%的范围内；极少部分（84种）产品分布在40%~100%的范围内。这表明绝大部分美国出口的产品对中国贸易的依存程度较低，可以找到出口替代国。但与此同时，也有少部分产品对中国市场存在着一定程度的依存，接近300种商品美国向中国的出口比重都超过了20%，表明这些产品对中国的贸易依存程度相对较高，通过其他市场对中国市场加以替代并不容易。

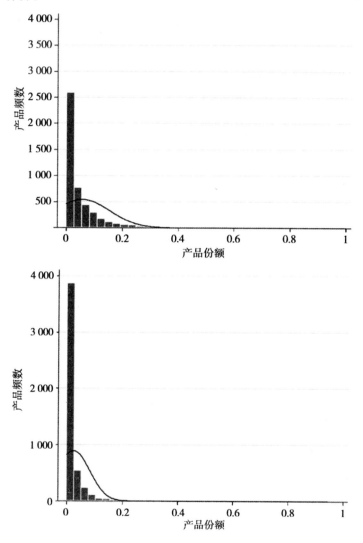

图6-5　美国对中国出口产品的份额分布

数据来源：CEPII BACI 数据库，产品基于6位数 HS 分类，上图对应着2000年数据，下图对应着2016年数据

（2）在2000-2016年期间，美国对中国的产品出口依存情况也在发生变化。整体来看，2016年的产品份额分布相比2000年更加集中，大部分

产品的依存程度有所上升。产品份额处于0%~2.5%范围内的产品种类由3832种显著减少到2482种，产品份额处于2.5%~25%范围内的产品数量由1077种明显上升到2089种，这表明大多数产品对中国贸易依存程度逐渐上升。同时产品份额处于25%~100%范围内的产品数量由59种上升到197种，这表明现有极少部分产品出口过于依存中国市场。这种产品出口份额的变化趋势反映了美国对中国出口的依存程度逐渐上升，也在另一个角度说明中美经济之间不对称依存的程度在逐渐地缩小。

以上我们对美国对中国出口贸易的依存程度进行了分析，由于美国从中国的进口贸易的重要性同样不可忽视，所以我们采用微观产品贸易数据，进一步计算出美国从中国进口的各类产品贸易额占该类产品美国从世界进口份额的分布情况，结果见图6-6。

从图6-6可以看出，中美两国的微观产品层面所反映出来的美国对中国的进口贸易依存主要有以下两个特征：

（1）总体来看，美国对中国的进口贸易存在一定的依存程度。2016年美国进口的产品种类为4643种，美国从中国进口的产品占该类产品美国从世界进口的份额主要分布在0%~30%的范围内，有3430种；少部分产品份额分布在30%~65%的范围内，有888种；极少部分产品分布在65%~100%的范围内，有325种。这表明大部分美国进口的产品对中国贸易的依存程度一般。少部分产品份额分布在30%~65%的范围内，表明这些产品对中国的贸易依存程度较高，难以找到进口替代国。极少部分产品份额分布在65%~100%的范围内，这些产品的进口主要来自中国，对中国市场条件的变化相对比较敏感。

（2）在2000-2016年期间，美国对中国的产品进口依存情况也在不断发生变化。整体来看，大部分产品的依存程度均有所上升。产品份额处于0%~5%范围内的产品数量由3339种显著减少到1813种，产品份额处于5%~65%范围内的产品数量则由1511种明显上升到2505种，这表明大

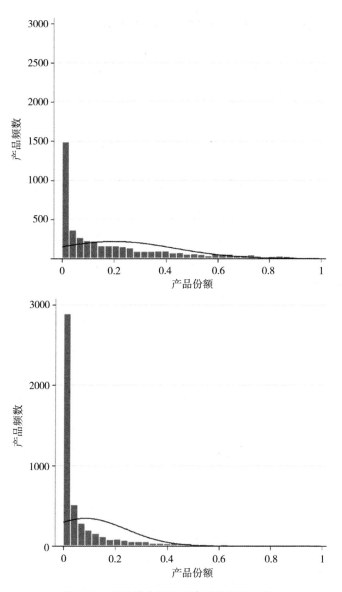

图6-6　美国从中国进口产品的份额分布

注：数据来源于 CEPII BACI 数据库，产品基于6位数 HS 分类，上图对应着2000年数据，下图对应着2016年数据

多数产品对中国贸易依存程度有所增加，同时产品份额处于65%~100%范围内的产品数量由90种上升到325种，这表明现有极少部分产品进口

过于依存中国市场。这种产品进口份额的变化趋势进一步反映了美国对中国进口依存程度的逐渐上升。

2. 考虑贸易规模之后中国市场的重要性

在使用微观层面产品贸易数据分析后，我们对于美国出口产品贸易的依存程度有了一个全面了解，由于在上文的分析中，我们将所有产品视为同质，并未考虑到不同产品贸易规模的差异。然而在实际情况中，不同种类的产品贸易规模存在着显著差异，贸易额不同的产品对于整体出口依存程度的影响也就大为不同，为了更加全面深入地研究美国出口产品的贸易依存程度，我们描绘了2016年美国对中国出口的各类产品份额与相应贸易额的分布情况，并使用直线拟合，其中贸易额进行了自然对数处理，以数量级的形式表现，结果见图6-7。

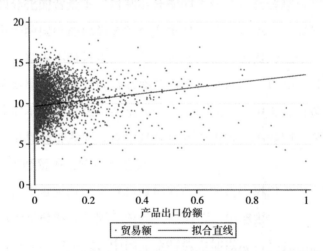

图6-7　2016年美国对中国出口的产品份额与相应贸易额的散点图

注：数据来源于 CEPII BACI 数据库，产品基于6位数 HS 分类，纵轴对应的是贸易额的数量级

从贸易额方面来看，大部分美国对中国出口产品贸易额集中在千万－千亿的数量级上，表明大部分出口产品贸易规模适中。但同时也存在少部分产品贸易额低于万美元数量级，表明这些产品实际贸易额较小，对

出口贸易的依存程度几乎没有影响。同时，散点主要集中于出口份额在 0%–20% 的范围内，这与上文中出口份额情况分析得到的结论一致。

从贸易额和产品出口份额结合来看，在同一产品出口份额水平上，产品的贸易额偏向于均匀分布，基本不存在贸易额较高的产品的出口份额全部较高或较低的极端情况，同时贸易额规模对产品出口份额的影响不大，但是考察总体的拟合曲线，我们发现贸易额较高的产品有更高的出口份额的趋势。由此可知，同时拥有较大的贸易额和较高出口份额的部分产品，对中国出口贸易有一定的贸易依存。

同样为了更加全面深入地研究美国对中国进口产品的贸易依存程度，我们进一步采用散点图同时描绘了 2016 年美国从中国进口的各类产品份额与相应贸易额的分布情况，结果分别见图 6–8。从图 6–8 可以看出，在进口方面，美国对于中国市场的依存与出口贸易较为类似，大部分美国从中国进口产品贸易规模适中，进口份额主要集中在 0%–30% 的范围内，与此同时，贸易额与进口份额之间呈现明显的正相关关系，反映了美国对中国进口贸易相对较高的依存度，这也进一步证实了上文的分析结论。

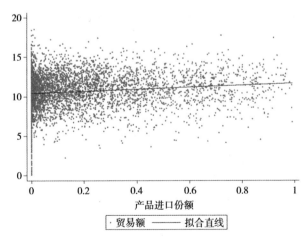

图6–8　2016年美国从中国进口的产品份额与相应贸易额的散点图

注：数据来源于 CEPII BACI 数据库，产品基于 6 位数 HS 分类

三、贸易产品的可替代性

虽然相互依存的"敏感性"和"脆弱性"很难完全加以区分，但前文从贸易领域对中美经济相互依存特征的分析还是侧重于从相互依存的"敏感性"出发，为了更为细致地考察中美经济相互依存的特征，下面我们将侧重于相互依存的"脆弱性"特征，分析中美两国在"打破相互依存关系时所需要付出的代价"以及寻找可替代伙伴国的能力。同时，考虑到当前愈演愈烈的中美贸易摩擦，我们也尝试就当前中美贸易摩擦对国际分工格局的影响进行一定的讨论。

（一）中国出口贸易中美国市场的可替代性分析

对于中国出口贸易而言，美国市场是最为重要的市场，当对美出口关税提高以后，是否存在着其他国家可以替代美国市场的需求呢？为了对此问题进行回答，我们基于6位数 HS 产品分类，选择2016年中国出口总额前十位的产品进行相关分析，结果见表6-3。

从表6-3可以看出，2016年中国出口产品总额前十位的产品主要是属于资本密集型的机械和运输设备以及属于劳动密集型的杂项制品，主要包括手机、通信设备与电子器件等。这些产品既有中间产品，也有最终产品。这反映了当前中国出口贸易的最重要的特征，即中国已经是国际价值链分工上的重要一环。从这个角度来说，在中国经济已经深度融入世界经济的背景下，中国不但是国际分工的重要组成部分，也深度依存于世界市场。

具体到中国出口市场的国别分布，从表6-3还可以看出，在中国出口总额前十位产品的市场分布中，美国是最为重要的市场，前十类产品中有五种产品都排在中国出口市场的前两位。同时，由于无线通信装置等产品的最大出口市场是中国香港，而香港作为自由贸易港，存在着较多的转港贸易，并不反映真实的贸易信息。因此，如果再加上来自香港向美国出口的转口贸易，中国出口前十位产品中，美国市场的重要性将会更加突出。因此，在这个角度来说，当前中国对美国市场的出口状况还存在着非常大的依存，这也在一定程度上印证了我们之前分析的结论。

表6-3　2016年中国出口产品总额前十位的出口情况

产品名称	出口总额（亿美元）	出口份额第一市场	份额	出口份额第二市场	份额	出口份额第三市场	份额	市场数
无线通信装置	1160	中国香港	27.59%	美国	22.59%	韩国	6.84%	198
便携式数字自动处理机（重量不超过10公斤）	796	美国	35.93%	中国香港	14.95%	荷兰	8.53%	195
有线或无线的电话机和其他装置	483	中国香港	37.68%	韩国	12.84%	越南	7.54%	212
通信设备（不包括电话机或基站）	319	美国	27.52%	中国香港	20.09%	荷兰	6.02%	210
处理器和控制器、电子集成电路	264	中国香港	59.47%	中国台湾	13.03%	新加坡	6.52%	147
数据处理设备的零配件	250	中国香港	31.52%	美国	25.56%	墨西哥	5.52%	208
存储器，电子集成电路	230	中国香港	38.30%	韩国	31.61%	中国台湾	14.13%	99
除原油以外的石油、沥青、蒸馏物	152	中国香港	22.43%	新加坡	14.21%	菲律宾	7.76%	150
贵金属珠宝及其零件	124	中国香港	73.95%	美国	19.52%	阿拉伯联合酋长国	1.89%	46
电子集成电路	93.1	中国香港	70.57%	中国台湾	10.55%	韩国	4.37%	150

注：数据来源于中国海关企业数据库，产品基于6位数 HS 分类

同时，从单项产品美国市场所占份额来看，在中国前十位产品出口中，美国市场所占的份额都相对较高，如无线通信装置（23%）、便

携式数字自动处理机（36%）、通信设备（28%）、数据处理设备的零配件
（26%）等。而这些产品虽然对应的出口市场数目众多，但除美国之外，
其余市场所占的比重都相对较低，如韩国是中国无线通信装置的第三大
出口市场，所占比重也只有6.8%。因此，在这个意义上来说，至少在中
短期来看，美国仍然是中国最为重要的出口市场。如果此时同美国贸易
中断，中国寻找第三国进行贸易替代的机会成本仍然比较大，中国对外
出口的市场格局在中短期内不会发生太大的变化。

（二）美国对外贸易中中国产品的可替代性分析

对于美国对外贸易中中国要素重要性的分析，我们也基于美国对外
贸易的前十位 HS 6 位数产品，从出口和进口两个方面，就中国市场的可
替代状况进行讨论。具体的结果分别见表6-4和表6-5。

表6-4　2016年美国出口产品总额前十位的出口情况

产品名称	出口总额（亿美元）	出口份额第一市场	份额	出口份额第二市场	份额	出口份额第三市场	份额
除原油外的石油、沥青、蒸馏物	573	墨西哥	26.68%	加拿大	13.34%	巴西	5.35%
固定翼飞机，空载重量超过 15000 公斤	519	中国	23.86%	英国	14.48%	爱尔兰	7.79%
除电子集成电路以外的单片集成电路	336	中国	20.45%	亚洲其他区域	11.00%	韩国	10.05%
药物	317	比利时	20.36%	德国	11.06%	意大利	8.35%
大豆	228	中国	61.20%	墨西哥	6.37%	日本	4.58%
飞机零件	228	法国	15.83%	新加坡	11.05%	沙特阿拉伯	6.26%
汽车火花点火发动机（排量在 1500-3000cc）	221	中国	38.37%	加拿大	25.16%	墨西哥	5.72%

续　表

产品名称	出口总额（亿美元）	出口份额第一市场	份额	出口份额第二市场	份额	出口份额第三市场	份额
涡轮喷气发动机或涡轮螺旋桨发动机零件	219	法国	15.51%	新加坡	13.31%	德国	12.18%
抗血清和其他血液成分	210	瑞士	14.85%	德国	14.45%	荷兰	10.29%
汽车火花点火发动机（排量大于3000cc）	186	加拿大	39.05%	沙特阿拉伯	11.51%	墨西哥	8.65%

注：数据来源于 CEPII BACI 数据库，产品基于6位数 HS 分类

表6-4列出了2016年美国主要出口产品的市场分布情况。从表6-4可以看出，当前美国出口产品总额前十位的产品主要是属于资本密集型的机械和运输设备以及属于初级产品的非食用原材料，主要包括原材料、集成电路、飞机与汽车及发动机零部件和医药用品等。从出口市场的分布情况来看，中国市场是美国最为重要的出口市场。在美国2016年出口的前十大产品中，有四类产品中国都是美国最大的出口市场，分别是大豆、固定翼飞机（空载重量超过15000公斤）、除电子集成电路以外的单片集成电路、汽车火花点火发动机（排量在1500-3000cc），这四类产品在美国对外出口中的比重均超过了20%，美国大豆向中国的出口比重更是高达61%，汽车火花点火发动机的出口比重也接近40%。同时，与其他市场相比，中国在美国对外出口市场中的重要性也非常突出，这四类产品的美国第二大市场的出口份额要比中国市场低10个百分点左右，大豆更是低出了50多个百分点。这说明，尽管中国出口贸易对美国市场存在着一定程度的依存，美国出口的主要产品对中国市场也存在着很高的依存，如果双方贸易中断，美国也很难在中短期内找出相应的替代市场。

表6-5　2016年美国进口产品总额前十位的进口情况

产品名称	进口总额（亿美元）	进口份额第一市场	份额	进口份额第二市场	份额	进口份额第三市场	份额
汽车火花点火发动机（排量在1500~3000cc）	1086	日本	24.75%	加拿大	19.84%	墨西哥	16.35%
石油矿物，沥青矿物油，原油	993	加拿大	39.19%	沙特阿拉伯	14.79%	委内瑞拉	8.85%
药物	519	爱尔兰	17.02%	瑞士	16.85%	印度	12.32%
广播、电视等收发装置	516	中国	71.92%	韩国	12.30%	越南	9.05%
汽车火花点火发动机（排量大于3000cc）	493	加拿大	44.77%	日本	21.51%	德国	10.90%
具有CPU和输入输出单元的电子计算机	378	中国	91.88%	越南	2.21%	亚洲其他地区	2.06%
除原油外的石油、沥青、蒸馏物	378	加拿大	19.58%	俄罗斯	13.03%	英国	6.39%
通信设备	354	墨西哥	31.73%	中国	25.31%	马来西亚	12.87%
除电子集成电路以外的单片集成电路	293	马来西亚	36.81%	亚洲其他地区	10.85%	爱尔兰	8.91%
原钻石珠宝（未加工）	229	印度	38.17%	以色列	31.62%	比利时	13.37%

注：数据来源于联合国统计司数据库（UNCOMTRADE），产品基于6位数HS分类

　　类似的情况也表现在美国对中国进口产品的依存上。表6-5列出了2016年美国前十大进口产品的市场分布情况。从表6-5可以看出，就美国进口产品对中国市场的依存而言，在中短期内，美国寻找中国之外的替代市场也存在着很大的难度。具体来说，2016年美国进口产品总额前十位的产品主要是属于资本密集型的机械和运输设备以及属于初级产品

的非食用原材料，主要包括原材料、电视和通信设备、汽车发动机和医药用品等。这其中，中国是美国广播、电视等收发装置，以及具有中央处理器和输入输出单元的电子计算机的第一大进口市场，是通信设备的第二大进口市场，美国从中国进口的这三类产品的比重分别达到美国相应产品进口总额的72%、92%和25%，远远高于美国从其他国家的进口份额。因此，在这个意义上来说，虽然当前美国对来自中国的产品征收了高额关税，但在美国从其他国家进口产品份额相当有限的情况下，这样一种关税的征收只会增加中美两国的贸易成本，而不会对当前中美两国之间的贸易格局产生影响，更不会在根本上改变当前世界经济的分工格局。

四、金融领域的相互依存

在对中美两国贸易依存度进行分析的基础上，我们将视角转向金融领域，探讨中美两国在金融领域的相互依存特征。就中美两国金融领域的相互依存而言，中美两国之间双向的资本流动起到了重要的作用。

（一）中美两国的投资依存

参考我们对中美两国贸易依存度的定义，我们采用类似的处理方式，对中美两国之间的投资依存程度进行讨论，具体的分析结果见表6-6。

在直接投资方面，由于2001年以后中国才逐渐放松对外直接投资的管制，因此，直接投资的流动更多地表现在一种美国直接投资流入中国的单向流动，中国对美直接投资无论从数额还是从相对比例来看都相对较小。在这样一种单向的直接投资流动中，考虑到美国的直接投资收益以及外商直接投资在中国经济增长中的作用和地位，直接投资的相对份额可以作为中美两国经济金融依存的一个衡量指标。对于美国经济而言，如果考虑对外投资对美国经济增长的贡献，那么美国经济的确从对中国的直接投资中获取了一定的收益，但相对而言，这样的一种收益在美国对外投资收益中的比重相对较小。从表6-6可以看出，在1997-2019年之间，美国对中国直接投资占对外投资中的比重呈下降趋势，在比重最高的2005年也只有5.82%，说明美国对中国的投资在美国整个的对外投资中所占的地位是非常低的。而在中国方面，美国对中国的直接投资在中国整个国民经济发展中的地位则相对较高。2002年以前，美国对中国的直接投资占中国利用外商直接投资中的比重一直稳定在10%左右，从2003年起，美国对中国直接投资出现负增长，相应的比重也随之下降，2011年，美国对中国实际直接投资23.7亿美元，占中国利用外商直接投资的比重仅有2%。但即便如此，美国仍是中国直接投资的第五大投资来源国，在存量上，美国更是成为仅次于中国香港和日本的第三大投资来源国或地区。

表6-6　1996-2019年中美两国投资关系变化情况表

（单位：%）

年份	直接投资			证券投资		
	美国对华直接投资占中国利用 FDI 的比重	中国对美直接投资占对外直接投资的比重	美国对华直接投资占对外直接投资的比重	中国对外证券投资占对外证券投资的比重	美国对中国证券投资占对外证券投资比重	中国对美证券投资占美证券融资的比重
1996	8.25	——	——	——	——	——
1997	7.16	——	2.67	——	——	——
1998	8.57	——	2.23	——	——	——
1999	10.46	——	1.70	——	——	——
2000	10.77	——	2.35	——	——	——
2001	9.46	——	3.04	——	——	——
2002	10.28	——	3.03	——	——	4.18
2003	7.85	2.28	2.15	52.3	0.44	5.13
2004	6.50	2.18	1.05	48.6	0.34	5.66
2005	5.07	1.89	5.82	56.4	0.62	7.68

年份	直接投资			证券投资		
	美国对华直接投资占中国利用 FDI 的比重	中国对美直接投资占对外直接投资的比重	美国对华直接投资占对外直接投资的比重	中国对美证券投资占对外证券投资的比重	美国对中国证券投资占对外证券投资比重	中国对美证券投资占美证券融资的比重
2006	4.55	1.12	1.01	54.0	1.26	8.99
2007	3.50	0.74	0.50	52.2	1.35	9.44
2008	3.19	0.83	0.86	54.3	1.28	11.68
2009	2.84	1.61	0.82	54.6	1.71	15.19
2010	2.85	1.90	0.86	—	1.51	15.07
2011	2.04	2.43	0.54	—	1.12	13.88
2012	2.33	4.61	0.69	—	1.16	12.01
2013	2.40	3.59	0.72	—	1.13	12.04
2014	1.98	6.17	0.61	—	1.39	11.07
2015	1.65	5.51	0.69	39.58	1.14	10.76
2016	1.89	8.66	0.80	34.95	1.02	9.51
2017	2.02	4.06	0.65	29.18	1.31	8.37
2018	1.99	5.23	−1.78	26.51	1.41	8.28
2019	1.94	2.78	1.43	25.21	1.70	7.52

注：中国直接投资、美国对华直接投资的数据来源于国家统计局、美国对外直接投资数据来自世界银行，证券投资的数据来源于美国财政部网站，中国对美证券投资占对外证券投资比重的数据来源于项卫星和王达（2011），2015-2019年中国对外证券投资数据来自中国外汇管理局

　　在证券投资方面，中美两国之间的资本依存相对更为密切，但在整体上仍然体现为一种证券资本从中国流入美国的趋势。中国对美证券投资占对外证券投资中的比重一直在50%以上，而美国对中国的证券投资占美国对外证券投资中的比重在最高的2009年也只有1.71%，非对称依存的特征非常明显。但另一方面，如果考虑中国对美证券投资在美国对外证券融资中的地位，那么我们可以发现，中美两国投资之间的非对称

依存特征也逐渐趋于对称。在2002-2019年期间，中国对美证券投资占世界对美证券投资中的比重一直呈现逐渐上升之势。2003年，中国对美国证券投资2555亿美元，占世界对美国证券投资中的比重只有4.2%，在2011年这一比重则上升到了13.9%。在此之后，中国对美证券投资比重有所下降，但仍然保持在10%左右的水平上。

（二）中美两国资本流动结构的非对称性

中美两国的非对称依存特征不仅仅体现在单纯的投资规模，如果将资本流动结构纳入中美两国金融依存的非对称分析，我们可以发现，中美两国金融领域的非对称依存特征体现得更为明显。为了对这一点进行考察，我们进一步给出了2003-2011年中美两国资本流动结构的变动情况。

从表6-7可以看出，中美两国的资本流动结构呈现出显著差异。在直接投资方面，就绝对规模而言，中美两国之间的资本流动整体上表现为美国直接投资向中国的单向流动。这一点，在美国金融危机发生前体现得尤为明显。但从趋势上来看，中美两国之间的直接投资流动逐渐趋于呈现双向流动的特征。举例来说，2003年，中国流入美国的直接投资只有0.65亿美元，尚不足美国流入中国直接投资的1.6%。在此之后，中国流入美国的直接投资逐渐上升而美国流入中国的直接投资则趋于下降。2011年，中国对美国的直接投资为18.11亿美元，与美国流入中国的直接投资数量已经非常接近。在此之后，中国对美国的直接投资则一直高于美国对中国的直接投资，这在一定程度上体现了中美两国投资领域的对称性趋势。

表6-7 2003-2019年中美两国投资结构的变化情况

（单位：亿美元）

	中国对美直接投资	美国对中直接投资	中国对美证券投资	美国对中证券投资	中国对美债券投资占证券投资比重	美国对中股权投资占证券投资的比重
2003	0.65	42.00	2554.97	137.38	99.26%	95.09%
2004	1.20	39.40	3409.72	127.23	99.26%	91.53%
2005	2.32	30.61	5272.75	284.43	99.52%	94.53%
2006	1.98	28.65	6989.29	753.14	99.45%	98.14%
2007	1.96	26.16	9220.46	972.84	96.91%	98.36%
2008	4.62	29.44	12050.8	549.03	91.74%	97.02%
2009	9.09	25.55	14640.27	1023.03	94.69%	99.33%
2010	13.08	30.17	16107.37	1022.26	92.14%	98.43%
2011	18.11	23.69	17266.21	767.98	90.80%	97.30%
2012	40.48	25.98	15922.36	923.96	86.13%	98.88%
2013	38.73	28.20	17347.76	1033.27	84.98%	97.34%
2014	75.96	23.71	18169.23	1332.74	82.41%	96.83%
2015	80.29	20.89	18440.2	1076.06	82.08%	95.69%
2016	169.81	23.86	16295.72	1013.5	89.09%	97.28%
2017	64.25	26.49	15405.49	1622.82	87.41%	97.35%
2018	74.77	26.89	16067.79	1590.57	86.51%	95.22%
2019	38.07	26.86	15433.97	2222.82	87.73%	91.89%

注：直接投资数据来源于国家统计局，证券投资数据来源于美国财政部 TIC 数据库

在证券投资方面，中美两国之间的资本流动结构要相对复杂。从总量上来看，中美两国之间的证券投资主要体现为证券资本从中国到美国的单向流动。2011年，中国流入美国的证券投资为17266亿美元，而美国流入中国的证券投资则只有768亿美元。但如果进一步分解证券资本流动的资本结构，可以发现中美两国的证券资本输出呈现出显著差异。从表6-7可以看出，中国流入美国的证券资本主要是债券资本，特别是以

美国国库债券为载体的债券资本，债券资本占整个证券资本流出的比重尽管在2006年之后有所下降，但到2011年仍然保持在90%以上。2011年，中国对美国的债券投资中，长期债券资本投资占到了90.5%，股权投资则只有9.2%。而在长期债券资本投资中，又有83%投资于美国政府的国债。另一方面，对于美国流入中国的证券投资，股权投资则占据了一个较大比重。美国对中国的股权投资占整个证券投资的比重一直在91%以上。2019年，美国流入中国的证券投资中，股权投资为2042亿美元，占整个证券资本流动的比重超过90%。

综上，中美两国之间的资本流动数据进一步佐证了我们之前提到的资本双循环特征。也就是说，中国的金融资本以购买美国债券特别是购买美国政府债券的方式流入美国，而直接投资和股权投资等实体资本则由美国流向中国。这样一种资本的双向循环流动既是中美两国比较优势领域存在差异的外在体现，也进一步凸显了中美两国金融领域的非对称依存特征。在资本的双向流动中，美国赚取了更为巨大的投资收益，而这一点，恰恰是中美两国金融领域甚至整个经济层面非对称依存特征的核心所在。

五、本章小结

综上，通过从各个角度分析中美经济相互依存的特征，我们可以得到以下结论。

在经济领域，中美经济的相互依存在不断加深，共同利益在不断增多，但中国对美国的贸易依存要大于美国对中国的贸易依存。从中国对美国的贸易依存来看，中国产品对美国出口贸易有一定的依存程度，但同样具备一定的出口替代灵活度。同时，对美国依存程度较高的贸易方式是与美国自身贸易利益关系密切的中间品贸易，而对美国依存程度较高的企业类型是与美国企业利益联系密切的外商独资和中外合资企业。

　　随着中美双方经贸往来的不断开展，中美贸易相互依存的不对称性正在向均衡的方向进行调整。从相互依存"脆弱性"的角度出发，一旦中美两国经济之间的相互依存被打断，不但中国面临着进出口替代的巨大搜寻成本，在当前的中美贸易分工格局以及中美经济贸易体量约束下，美国同样难以找到第三国来承接中美进出口贸易的转移。

　　中美两国共同利益的存在以及相互依存程度的加深，要求中美两国要继续加强和深化两国之间的经济贸易往来，不为两国之间不必要的贸易摩擦所中断，以充分获取国际分工协作的巨大收益。但与此同时，随着中美两国之间非对称依存程度的逐渐降低，美国利用经济为政治和安全服务的相对成本不断增加，而中国在中美双边交往的权力和地位则不断提高。

第七章 未来展望与政策建议

7

2020年，在新一届美国总统竞选中，拜登击败特朗普成为新一任美国总统。2021年3月18-19日，中美两国在阿拉斯加举行了拜登政府执政以来首次中美高层战略对话，中美经贸关系也正式进入拜登政府时期。由于拜登政府执政时间相对较短，其具体的经济政策和对外政策尚不明朗，但毋庸置疑，无论拜登政府制定何种对外经贸政策，美国利益优先仍是其最基本的出发点。这就决定了美国当前的经济结构特征以及可能的经济调整方向一定会构成美国政府未来政策的逻辑起点。基于这一逻辑，本章尝试对中美经贸关系的走向以及世界经济格局的变化进行预判，并在此基础上给出相应的政策建议。

一、对于世界经济发展的几个判断

（一）世界经济发展需要健康稳定的中美经贸关系

如前所述，在当前的世界经济分工体系中，美国不再是全球工业商品的生产者，而是凭借美元霸权和强大的国内金融市场，通过掌控全球资本的流向，成为全球资本要素的配给者，充当着全球金融中心的角色。中国则充当了20世纪40年代到70年代之间美国在全球经济分工中的角色，成为全球工业商品的生产者和出口方，充当着全球制造业中心的角色。因此，在大分工框架下，中美两国的分工职能呈现出明显的耦合特征。这一分工结构不仅为中美经济利益的共同实现提供了可能，也为世界经济的持续增长提供了内在动力。中美之间的贸易不平衡、资本流动上的结构性差异以及商品贸易领域较强的商品互补性，其实都是这种大的分工格局下的必然产物，是符合中美两国以及世界经济发展的整体利益的。同时，伴随着经济全球化的持续深入，特别是资本要素的跨国流动，中美经济在国际分工各个阶段的嵌套和耦合更为密切和复杂，利益的共生特征也更为明显。在这样的情况下，一旦中美经济关系出现倒退，破坏的都不仅仅是中美经济本身，而是整个世界的生产和分工体系，后果是难以想象的。因此，在这个意义上说，世界经济发展需要健康稳定的中美经贸关系，良好的中美经贸关系不但是中美关系的"压舱石"和"助推器"，对于世界经济的发展而言也同样意义重大。就中美两国关系的未来走势而言，虽然在短期内中美两国在多个领域还存在着一定的分歧，但长期来看，中美经济分工的耦合属性使得中美之间的合作分工成为大概率事件。事实上，正如在2021年阿拉斯加中美高层战略对话中中方代表团所表示的，"中美关系的本质是互利共赢而不是零和博弈。中美两国并不必然相互构成威胁，差异分歧并不构成中美对抗的理由，中美双方谁都无法承受冲突对抗的后果"，"开展互利合作，妥善管控分歧，避免误解误判"，"将是中美两国为人类文明做出的历史性贡献"。

（二）中美摩擦将会长期存在，但激烈程度不会超过2018-2019年

虽然从经济逻辑来看中美经济利益的相容性毋庸置疑，但普通民众对此的认知却相对有限，美国民众对于中美利益分配的感知还会更多的源于自身福利的变化以及对贸易顺差、贸易逆差等表观经济数据的了解，从而滋生出对经济全球化和中国要素的抵触情绪。这种抵触情绪一旦形成便很难在短时间内逆转，这为长期内贸易保护主义的形成提供了政治土壤。事实上，尽管特朗普政府最终败选，但其仍然赢得了大量选民的支持，美国国内不同阶层的分裂依然非常严重，反对经济全球化的声音也会大量存在。因此，在这个角度上说，中美两国之间的经济关系不会

一帆风顺，两国之间的经贸摩擦还会在短时间内存在，甚至还可能呈现长期化和反复化的趋势。

但与此同时，我们也认为尽管中美两国之间的贸易摩擦难以完全避免，但贸易摩擦的激烈程度不会超过2018-2019年。我们做出这一判断的依据主要是基于以下几点考虑。第一，中美第一阶段贸易协议的达成至少已经满足了美国政府的部分诉求，民众情绪也得到一定的安抚，美国政府进一步升级贸易摩擦的自身动力和道义条件都不存在。第二，从现实贸易数据的表现来看，2018-2019年的贸易摩擦为"和则两利，斗则俱伤，合作是双方唯一正确选择"这一简单的道理提供了一个实践论证，在中美经济利益相互耦合和嵌套的条件下，贸易摩擦并不是解决问题的唯一手段，任何一国都会承担贸易摩擦的巨大成本。更何况，中美双方都会意识到贸易摩擦一旦升级，便很难控制，而贸易摩擦失控的后果是中美两国都难以承担的。第三，世界经济增长的基础并不稳固，新冠疫情对于经济的负向冲击也将会有所持续，长期停滞的阴影将会在很长一段时间笼罩着世界经济的发展。理性克制，避免人为引发世界范围内的大危机应该会成为未来中美贸易政策的底线。第四，美国政府新的总统任期开始，将升级贸易摩擦作为对华经贸关系的手段会了无新意，政治创新的需要也会在一定程度上避免更为激烈的贸易冲突的出现。

（三）世界经济增长将会持续分化

如果说2008-2009年美国金融危机之前的世界经济主要特征是增长的话，那么，伴随着世界经济的再平衡调整，未来世界经济的运行状态将呈现出更多的分化特征。

首先，正如我们在第四章提到的，当前经济全球化的空间已经相对有限，世界经济增长的长期前景并不乐观。这就意味着，世界不同国家共同利益的实现将愈发困难，而取而代之的是各国面向利益分配的努力。

在经济实力和分工阶段存在差异的背景下，世界经济的利益分配格局一定是不对称的，这自然会引发世界经济增长的持续分化，而经济增长分化所导致的经济冲突加剧则可能反过来限制世界经济的整体增长，使世界经济陷入一个"停滞"—"分化"—"冲突"—"停滞"的恶性循环。

其次，中心国家经济前景和经济政策的不确定性会进一步加大中心国家和外围国家的经济差距。当前的中心国家正处于一个整体的调整期。这种调整既体现在新任美国政府在内外经济政策上的转向，也反映为美国经济结构和贸易平衡结构的可能变化。但无论是在政策层面，还是在实体经济层面，美国经济和政策调整的方向并不十分明朗，经济发展的不确定性依然很大。在这种情况下，美国的经济政策更多会专注于国内经济和社会情况的变化，而无暇顾及世界经济共同利益的实现。在中心国家和外围国家的竞争实力还存在差距的背景下，中心国家对于国内利益的过度关注会进一步压缩外围国家的发展空间。

再次，新型技术发展的不均衡进一步促进了世界经济增长的分化。当前，以新能源、人工智能、数字经济等为代表的新型技术正在深刻影响着世界经济发展。作为一种新的技术形态和生产要素，以人工智能为代表的新型技术通过生产率促进、需求培育、劳动替代等多个渠道带来了世界贸易总量和贸易方式的变化，成为一国经济增长的新的源泉。问题在于，虽然新兴技术的作用有目共睹，但是其发展却不是均衡的。不同国家新型技术的发展和运用存在着巨大的差距。这就进一步导致了世界经济增长的分化。与此同时，诸如新能源、人工智能等新型技术本质上强调的是本国资源要素的利用，以及生产过程的可复制性，这意味着新型技术的出现具有消除不同国家要素和技术差异的内在特征，使得不同国家的技术和要素结构趋于相同，而这一点带有鲜明的去全球化特征，不利于经济全球化红利的进一步实现。

（四）未来针对中国的贸易摩擦还会集中在制造业领域，但美国制造业部门的衰退不可避免

在中国出口产品仍然以制造业产品为主的背景下，未来中美两国的经济摩擦还会集中在制造业领域。事实上，如前所述，在不引入新的贸易元素的情况下，美国经济失衡调整的主要方式也在于制造业部门扩张下国内产品对进口产品的替代。但是，我们认为，在全球的供给和需求模式没有发生重大变化的条件下，这样的一种替代关系实质是对资源在全球范围内配置模式的一种否定，虽然在短期内具有现实的可能性，但是在长期内缺乏持续存在的经济基础。

首先，就直接效应而言，以制造业回流为代表的美国制造业重振政策会在短期内提升美国制造业部门的产出比重，但长期内的影响具有不确定性。在经济全球化日趋深入的大背景下，大量美国国内的制造业企业已经在全球范围内重新配置生产能力。在这一前提约束下，制造业部门从海外向美国国内的回流便成为美国制造业部门重振的逻辑起点。伴随着生产能力从国外向美国国内的转移，美国国内制造业部门的产出水平在短期内一定会有所提升，这是制造业部门回流最为直接的影响。但是需要提及的是，产出水平的提升并不意味着美国本土制造业部门企业竞争力的增强。在制造业回流的过程中，除去生产要素成本的差异对企业竞争力的影响之外，美国本土生产能力的重塑还需要支付巨大的固定成本以及全球价值链的重构成本，这些成本如果是企业个体进行支付的话，在长期内一定不会有利于企业竞争力的打造。而如果这些成本由美国政府支付，成本支付的可行性以及由此带来的衍生政策代价无疑也会为企业长期竞争力的形成带来诸多不确定性。

其次，要素市场上的要素价格调整效应会弱化制造业重振政策的效果。伴随着制造业部门的发展，产出的扩张会进一步带来要素市场上的要素需求增加。如果要素市场上有大量闲置的生产要素，这意味着要素的供给相对富有缺乏弹性，此时要素需求的增加并不会大幅改变要素价格，也就不会对制造业部门的产出扩张产生进一步的影响。然而，如果市场上的要素资源已经处于或者接近处于充分利用的状态，此时要素需求的增加一定会带来要素价格的上升，这会进一步吞食制造业企业的生产利润，从而弱化制造业重振政策的效果。从当前美国国内要素特别是劳动力市场的情况来看，新冠疫情之前美国的失业率已经处于历史低位，这意味着至少从劳动力市场条件来说，并不存在着劳动力资源普遍闲置的情况。在此背景下，虽然制造业重振政策的直接效应会促进制造业部门产出份额的提升，但要素市场上的要素价格调整却会对制造业重振政策的效应产生一定的抑制作用。

最后，资源再配置效应所导致的创新动能不足会限制美国高技术产业的发展。在一般均衡的分析框架下，制造业的重新振兴意味着资源从不可贸易的金融服务业向可贸易的制造业部门流动，这在壮大了制造业部门发展的同时，却抑制了金融服务业部门的发展。虽然从部门平衡的角度来说，这样一种"避虚向实""避轻就重"的产业调整有积极意义所在。但是，如果考虑到金融服务业和制造业部门的互动，金融服务业部门的萎缩却可能导致制造业特别是高技术产业创新动能的不足。事实上，美国金融服务业的发展不但会直接地带来产出的增长，其还可以通过降低融资成本、提供融资便利的方式为制造业部门产业竞争力的提升提供支撑。大量的文献都表明一个良好的金融环境对于产业增长特别是高外部融资依赖的产业的发展具有显著的促进作用。更为重要的是，从金融市场规避风险的职能出发，一个良好的金融部门可以更好地帮助企业规避研发和创新风险，降低经济不确定性对企业投资的不利影响，从而为企业的高风险投资活动提供尽可能的保障。这一点，对于高度依赖研发和创新的高技术产业的发展而言无疑是更为重要的。也正是在这个意义上说，重振制造业的政策即便有利于制造业部门的整体产出增长，但由于资源再配置所导致的金融服务业部门的萎缩，却可能会成为高技术制造业部门技术提升的障碍。

（五）服务业领域的市场开放和贸易摩擦将会成为影响未来世界经济发展的关键因素

在"避实就虚"的发展策略下，美国的服务业部门逐渐成为美国经济的重要支柱。但在可贸易条件不足的现实约束下，美国竞争力最强的服务业部门事实上并未能真正融入国际竞争之中。同时，就世界可贸易商品的关税减让空间来看，由于当前商品的关税水平已经很低，其进一步的贸易自由化空间相对有限。这也就意味着，在未来的国际竞争中，引入新的贸易元素，为服务业的可贸易化扫清障碍既是美国对外贸易的发展重点，也符合世界贸易自由化的发展方向。因此，服务业的可贸易化是最为符合美国经济利益以及世界经济利益的一种再平衡调整策略。

需要提及的是，与商品贸易边境开放的属性不同，服务业部门的贸易自由化除了要求边境开放之外，还要求开放的层次从边境开放向境内开放进一步延伸，这就涉及市场准入、规则制度、契约环境等一系列规则制度的调整和协同。在中美贸易谈判中，美国围绕技术保护、知识产权、市场准入等结构性问题的一系列诉求都可以看作是美国要求中国境内开放的初步试探。相较于边境开放，由于服务业领域内的境内开放更为深入，涉及的结构性问题也更为复杂，在世界经济和社会体制尚有较大差异的背景下，未来围绕服务业领域的市场开放和贸易摩擦将不可避免。只是从摩擦的表现形式和利益诉求来看，服务业领域相关的利益诉求虽然会围绕市场准入、规则体制、开放进程的快慢来展开，但推进手段可能仍会借助于其他商品（如高技术商品）领域的贸易冲突。也就是说，中心国家对于服务业贸易自由化的推进既可能采取传统的贸易谈判的方式在双边以及多边贸易协定框架下进行，也有可能采取特朗普政府时期的贸易摩擦形式。只是贸易摩擦的冲突领域虽然会集中于商品领域，但其目标指向却是服务部门的可贸易性的提高。

（六）欧洲市场将会成为影响中美经贸关系发展的重要力量

在特朗普政府时期，中美两国之间贸易摩擦的表现形式是不断升级的关税政策冲突，这种贸易摩擦虽然看似激烈，但是由于中美两国都身陷其中，在经济利益相互嵌套的条件下，这种激烈的贸易摩擦不可能持续展开，破坏力也只是局限在短期。对中国经济而言，真正可怕的并不是美国针对中国挑起的单方的贸易摩擦，而是美国以自贸区建设的形式连同欧洲以及其他国家来孤立中国，通过看似温和的形式，逐渐依靠贸易转移效应将中国排除在世界主流的贸易体系之外。从拜登个人的政治背景来看，作为奥巴马政府时期的副总统，其政策主张可能与奥巴马政府时期的政策指向有一定的异质性，通过重启跨太平洋伙伴关系协定（TPP）等高标准的自由贸易协定来孤立和限制中国并非完全没有可能。事实上，在短短的执政几个月的时间内，拜登政府已经多次在不同场合表达了通过利益结盟的方式来解决中美两国之间分歧的观点。因此，在这个意义上来说，在未来中美经贸关系发展的过程中，考虑到欧洲经济的体量，其立场和选择就尤为重要。更进一步，对于中国而言，欧洲市场的作用也不仅在于防御，还在于对美国的制衡。中国偏向性的扩大与欧洲的贸易往来，不但可以在增加市场多元化的同时减少对于美国市场的依赖，还可以通过贸易规模的扩张带动贸易计价和结算中欧元使用的比重，助力欧元提升货币国际化地位，在根本上对美元的货币霸权有所制衡，从而扭转金融领域中美两国不对称依赖的局面。因此，对于中美两国而言，欧洲的选择至关重要。可以说，中美两国谁最早与欧洲建立了更为密切的贸易关系，谁就能在未来中美经贸关系的交往中占据更为有利的地位。

二、应对未来世界经济变化的政策建议

基于前面章节的分析以及以上对于未来世界经济发展趋势的判断，我们认为未来中国的政策选择可以在以下几个方面有所侧重。

（一）保证一定的战略定力，理性看待中美经贸关系中的贸易摩擦

虽然拜登政府任期内中美经济关系的趋势还不明朗，但是从大的方向来看，中美两国之间持续爆发大规模冲突的概率不大。贸易摩擦本身就缺乏持续存在的经济学基础，在中美两国经济的相互依赖程度不断加深且趋于对称的背景下，中美两国任何一方都不愿意看到大规模的贸易冲突，这为双方贸易摩擦的解决提供了可能。但与此同时，在世界经济增长乏力和分化的背景下，对利益分配的关注一定会超越对利益实现的努力，在中美两国已经成为事实性竞争对手的背景下，小规模的贸易摩擦仍然会在长期内不时发生。对此，要理性看待当前乃至今后一段时间内出现的贸易摩擦，既要保持必要的防范甚至反击，也要理性克制，防止贸易摩擦的不必要升级。在很长的一段时间内，中美经贸关系都是中国经济以及世界经济发展过程中最为重要的内容，不能因为短期的贸易摩擦影响中美经贸关系的长期发展。

这其中，注重防范中美贸易摩擦所产生的衍生风险至关重要。如果中美两国的贸易摩擦仅仅限于贸易领域的话，单纯由中美贸易摩擦所产生的损失和风险相对不大，中国完全有能力加以应对和控制。要特别防范的是中美贸易摩擦的衍生风险。一是要防范贸易风险向金融领域乃至整个经济领域的传递，淡化贸易摩擦所产生的悲观预期，防范金融市场对贸易摩擦的过度反应，不要因贸易摩擦的存在而影响中国经济整体发展的宏观稳定环境。二是要防范中美之间的贸易摩擦演变为其他国家共同针对中国的贸易摩擦。未来的政策选择既要防止和艺术处理在中美两

国贸易摩擦过程中其他国家的趁火打劫，也要防止美国主动联系其他国家共同针对中国。

（二）构建国内国际双循环体系，改善中美经济的非对称依存

尽管从贸易规模来看，中美两国之间的相互依赖关系正在逐渐趋于对称，但当前中国对美国市场和特定产品的依赖仍然非常严重，"中兴事件"以及"华为事件"便是对此最好的说明。事实上，在全球化分工逐渐深入的背景下，虽然任何一个国家都不可能囊括所有关键的生产环节和关键产品的生产，但只有在占据一定的关键的生产环节和关键产品的基础上，公平交易才存在可能。因此，在未来的政策选择中，除了进一步促进市场的多元化以外，培育全球价值链分工中关键产品和关键环节的本土企业的核心竞争力仍然是重中之重。要根据世界经济分工的最新特征和发展趋势，结合中国经济的现实发展条件，有选择地在关键产品的生产上提前布局，切实提高本土企业在关键产品和核心技术上的竞争力。

与此同时，中国经济也不可妄自菲薄，要重视和利用中国经济在世界经济分工体系中的分工优势以及市场优势。就当前中国经济在世界经济中的地位而言，中国不但是当前世界分工格局下最大的商品输出国，还是美国资本要素流入的最大来源国，可以说无论在产品市场还是在要素市场，中国虽然尚未形成与中心国家相匹配的影响力，但依然是影响商品和要素流动方向的重要力量。如果再考虑到中国在整个东亚地区生产网络中的节点作用，当前还没有一个外围国家能够替代中国在美国经济和世界经济中的作用。事实上，在当前中国技术水平和美国尚有差距的背景下，中国对美国的市场优势是重要的反制手段，中兴的脱困事实上已经反映了这种市场优势的存在。在芯片等敏感行业，虽然中国对美国存在着技术依赖，但与之相对应，美国也对中国存在着市场依赖，美国未对中兴进行穷追猛打，在对华为的限制上也有所反复，这在一定程

度上都可以看作是对中国市场依赖的一种无奈之举。中国在全球分工体系中的分工优势和市场优势，既是中国贸易强国打造的基础和未来政策谈判的筹码，也是杜绝经济增长动力转换风险的有力保障。因此，作为可行的阶段性目标，进一步巩固和加强中国在当前全球商品流动和资本流动中的地位，有利于逐步改变中国和中心国家之间非对称依赖的局面。

最后，摆脱对于美国经济依赖的根本还在于构建国内国际双循环体系，实现外向型小国经济增长模式向内外双循环的新发展格局的转换。在中国经济之前的增长过程中，外部需求的扩张一直是中国经济增长的重要源泉。这样的一种增长方式虽然是中国经济自身禀赋基础之上主动契合世界经济分工调整的产物，在一定时期内是中国经济发展模式的最优选择，但却不可避免地带有小国经济发展的对外依附式特征。伴随着中国国际经济地位和影响力的提高，这样一种小国增长模式发展的弊端也逐渐暴露。一方面，经济规模的增加不但放大了政策干预对要素市场的扭曲效应，也使得经济一体化进程中原本适用于小国的政策保护逻辑不再适用，政策干预的成本和阻力不断增加。另一方面，伴随着贸易规模和经济规模的不断扩张，中国与中心国家的经济发展差距不断缩小，"赶超"和"限制"的博弈将逐渐替代原有的对于绝对经济收益"共赢"的选择，中国经济的进一步发展将不可避免地面临中心国家的主动限制，对外依附式增长模式的上升空间会被进一步挤压。因此，在未来中国经济发展的政策选择中，在巩固外部需求的同时，注重培育国内消费需求的增长，通过两个市场的协同发展，构建国际和国内双循环的新发展格局便尤为重要。

（三）深化中欧经贸合作，推动同其他国家自由贸易协定的谈判和签订

如前所述，中国经济未来发展的风险之一在于美国可能以利益同盟的方式连同其他国家来孤立中国，以将中国排除在世界主流贸易体系之外。对于中国而言，为了应对这一可能的风险，寻找一切可以联合的力量，搭建以中国为核心的潜在联盟体系是一个可供考虑的方向。这其中，欧洲的重要性得以凸显。必须承认的是，由于社会经济体制的差异，在争取欧洲方面，中国相比美国并不占优势，但中欧之间的双边关税税率要高出美欧之间很多，这就为未来进一步的贸易自由化提供了必要的政策空间。一方面，要在完成中欧全面投资协定的基础上，进一步推动中欧其他领域的经济合作，巩固现有谈判成果。同时积极探讨和论证中欧自由贸易协定签订的可能性，尽快将中欧自由贸易协定提上日程。另一方面，在汇率、关税政策上做出适当调整，鼓励企业扩大与欧盟贸易规模的同时，鼓励企业在中欧贸易计价和结算中提高欧元的使用比重。

除了深化同欧洲的经贸合作之外，同其他国家的自由贸易协定谈判也应同时展开。可以考虑在"一带一路"倡议的整体构建下，先期借助于政策支持和国有企业的力量，将现有的外汇储备资源，与国内的高铁、核电等前沿技术加以结合，向经济落后地区进行资本要素的输出，并在此基础上推动产业的梯度转移，通过贸易利益的部分让渡来推进同"一带一路"国家的贸易和投资自由化进程。与此同时，还可以考虑提取当前中国签订的多边、双边贸易和投资协定条款的核心规则要素，分阶段有步骤地在全球范围内加以推广，在进一步稳固和扩张中国自贸区的朋友圈的同时，尝试建立形成体现"中国要素"的全球范围内的贸易和投资规则设计。

（四）夯实中国在制造业领域的优势，进一步提高制造业技术水平

如果我们将金融危机以后美国再平衡调整的深层起因定位于对中国制造业发展的主动限制。那么在未来的一段时间内，美国既可以在国际市场上同中国在制造业领域进行直接的竞争，也可以通过贸易和汇率摩

擦的形式实现其他国家向美制造业产品出口对中国的替代。无论何种方式，中国制造业产品对外竞争力的维持都至关重要。事实上，稳定和巩固中国在现有国际分工体系中的制造业出口大国地位，既是中国经济规避失衡调整成本的最优举措，也构成了中国未来经济结构调整及经济发展的现实基础。因此，虽然在长期内中国经济的未来增长离不开国内经济的平衡发展和增长方式的转变，但在短期内，仍然不应急于快速推动产业结构和增长方式的调整，更不可"为了增长方式的调整而进行增长方式的调整"。

从制造业竞争力维持的措施看，虽然中国制造业出口大国地位的形成离不开中国的大市场效应及低廉的劳动力成本，长期内实现技术进步和产业高端化也是必要的趋势，但在短期内，政府对于外来资本的"超国民待遇"以及竞争性汇率制度的维持也具有举足轻重的地位。中国制造业出口大国地位的完善仍然离不开经济全球化过程中政府职能的强化。事实上，政府职能的引入实质上是政府对经济的参与和干预。虽然从资源配置的角度讲，政府职能的引入可能会带来资源配置的扭曲，但在开放条件下，政府引入的扭曲成本可能会外溢到其他国家。因此，出于对本国经济利益的关注，在开放条件下，政府政策在强调刺激本国经济需求的同时，也应加入对不同国家红利分配的考虑。这一点，不但在萧条时期适用，也适用于当前中美两国的战略博弈时期。因此，维持竞争性的汇率制度，吸引优质外资持续流入，给予外贸企业必要的补贴，实现内外资企业的协调发展仍是未来的重要政策取向。

参考文献

[1] 戴金平，谭书诗:《美国经济再平衡中的制造业复兴战略》,《南开学报（哲学社会科学版）》2013年第1期。

[2] 高尚涛:《相互依赖框架下的美国对华战略分析》,《外交评论》2010年第5期。

[3] 雷达，赵勇:《中美经济失衡的性质及调整：基于金融发展的视角》,《世界经济》2009年第1期。

[4] 雷达，赵勇:《虚拟需求时代的终结与美国金融危机》,《中国人民大学学报》2009年第2期。

[5] 雷达:《全球经济再平衡与中国经济的外部风险》,《中国宏观经济报告》2010年第1期。

[6] 廖泽芳，彭刚:《全球经济失衡的调整趋势——基于美国中心的视角》,《经济理论与经济管理》2013年第1期。

[7] 罗伯特·基欧汉，约瑟夫·奈:《权力与相互依赖：转变中的世界政治》,中国人民公安大学出版社，1989年。

[8] 宋国友:《中美经贸关系中的不对称性：基于数据的分析》,《世界经济与政治论坛》2007年第3期。

[9] 盛垒，洪娜:《美国再工业化进展及对中国的影响》,《世界经济研究》2014年第7期。

[10] 王丽丽，赵勇:《理解美国再工业化战略——内涵、成效及动因》,《政治经济学评论》2015年第6期。

[11] 项卫星，王冠楠:《中美经济相互依赖关系中的敏感性和脆弱性——基于"金融恐怖平衡"视角的分析》,《当代亚太》2012年第6期。

[12] 于春海:《失衡、危机与再平衡——对美国贸易赤字的再思考》,中国

青年出版社，2014年。

[13] Barbieri K. (1996). Economic Interdependence: A Path to Peace or a Source of Interstate Conflict, Journal of Peace Research, 10, 29-49.

[14] Blanchard O., Furceri D. and Pescatori A. (2014), A Prolonged Period of Low Real Interest Rates? in Teulings C. and Baldwin R. (eds.), Secular Stagnation: Facts, Causes and Cures. A VoxEU.org eBook, London: Centre for Economic Policy Research.

[15] Boyd J. H., Kwak S. and Smith B. (2005). The Real Output Losses Associated with Modern Banking Crises. Journal of Money, Credit, and Banking, 37(6), 977-999.

[16] Belke, A. and Klose, J. (2017). Equilibrium Real Interest Rates and Secular Stagnation: An Empirical Analysis for Euro Area Member Countries. Journal of Common Market Studies, 55(6), 1221-1238.

[17] Blanchard, O., Lorenzoni, G. and L'Huillier, J. P. (2017). Short-run Effects of Lower Productivity Growth. A Twist on the Secular Stagnation Hypothesis. National Bureau of Economic Research, No. w23160.

[18] Baldwin, R. and Teulings, C. (2014). Secular Stagnation: Facts, Causes and Cures. London: Centre for Economic Policy Research.

[19] Botta, A., Tippet, B., and Onaran, Ö. (2018). Divergence Between the Core and the Periphery and Secular Stagnation in the Eurozone. Greenwich Papers in Political Economy, No. GPERC63.

[20] Cooper R. (1968). The Economics of Interdependence: Economic Policy in the Atlantic Community. Economica, 37(146), 216.

[21] Caballero R. J., Farhi E. and Gourinchas P. O. (2008). An Equilibrium Model of "Global Imbalances" and Low Interest Rates, American economic review, 98(1), 358-93.

[22] Caves R. E. and Cooper R. N. (1968). The Economics of Interdependence: Economic Policy in the Atlantic Community[J]. Economica, 37(146), 216.

[23] Claessens S., Daniela Klingebiel D. and Laeven L. (2004). Resolving Systemic Crises: Policies and Institutions. Policy Research Working Paper, No. 337.

[24] Cohen-Setton J. (2018). Should We Expect a Rebound in TFP Growth? Insights from the 1930s. Peterson Institute for International Economics.

[25] Caballero R. J., Farhi E. and Gourinchas, P. O. (2006). An Equilibrium Model of 'Global Imbalances' and Low Interest Rates. NBER Working Paper, No.11996.

[26] Chinn M. D. and Ito H. (2007). Current Account Balances, Financial Development and Institutions: Assaying the World "Saving Glut", Journal of international money and Finance, 26(4), 546-569.

[27] Dell'Ariccia G., Igan D., and Laeven L. (2012). Credit Booms and Lending Standards: Evidence from the Subprime Mortgage Market. Journal of Money Credit and Banking, 44(2-3), 367–384.

[28] Dunaway S. (2009). Global Imbalances and the Financial Crisis. Council on Foreign Relations Special Report, No. 44.

[29] Dooley M. P., Folkerts-Landau D. and Garber P. (2006). Direct Investment, Rising Real Wages and the Absorption of Excess Labor in the Periphery, NBER Working Paper, No.10626.

[30] Eichengreen B. (2004). Global Imbalances and the Lessons of Bretton Woods. NBER Working Paper No.10497.

[31] Eggertsson G.B. and Mehrotra N.R. (2014), A Model of Secular Stagnation, NBER Working paper, Cambridge (MA): National Bureau for Economic Research, No. 20574.

[32] Eggertsson, G. B., Mehrotra, N. R., Singh, S. R. and Summers, L. H. (2016). A Contagious Malady? Open Economy Dimensions of Secular Stagnation. IMF Economic Review, 64(4), 581-634.

[33] Eggertsson, G. B., Mehrotra, N. R. and Robbins, J. A. (2019). A Model of Secular Stagnation: Theory and Quantitative Evaluation. American Economic Journal: Macroeconomics,11(1), 1-48.

[34] Fogli A. and Perri F. (2006). The "Great Moderation" and the US External Imbalance. NBER Working Paper, No.12708.

[35] Fernald, J. G. (2015). Productivity and Potential Output before, during, and after the Great Recession. NBER macroeconomics annual, 29(1), 1-51.

[36] Gros D. (2009). Global Imbalances and the Accumulation of Risk. Centre for European Policy Studies Policy Brief, No. 189.

[37] Gourinchas, P. O. and Rey H. (2005). From World Banker to World Venture Capitalist: US External Adjustment and the Exorbitant Privilege. NBER Working Paper No.11563.

[38] Glaeser E.L. (2014), "Secular Joblessness", in Teulings C. and Baldwin R. (eds.), Secular Stagnation: Facts, Causes and Cures. A VoxEU.org eBook, London: Centre for Economic Policy Research (CEPR).

[39] Gordon, R. J. (2012). Is US Economic Growth Over? Faltering Innovation Confronts the Six Headwinds. National Bureau of Economic Research, No. w18315.

[40] Gordon, R. J. (2014). The Demise of US Economic Growth: Restatement, Rebuttal, and Reflections. NBER Working Paper, No. w19895.

[41] Gordon R. J. (2015). Secular Stagnation: A Supply-Side View. American Economic Review: Papers and Proceedings, 105(5), 54-59.

[42] Hansen Alvin H. (1939). Economic Progress and Declining Population

Growth. American Economic Review 29 (1), 1-15.

[43] Hoggarth G., Reis R. and Saporta V. (2002). Costs of Banking System Instability: Some Empirical Evidence. Journal of Banking & Finance, 26(5), 825-855.

[44] Honohan P. and Klingebiel D. (2003). The Fiscal Cost Implications of an Accommodating Approach to Banking Crises. Journal of Banking and Finance, 27, 1539-1560.

[45] Jorgenson, D. W., Ho, M. S., and Samuels, J. D. (2014). What Will Revive U.S. Economic Growth? Lessons from a Prototype Industry-level Production Account for the United States. Journal of Policy Modeling, 4(36), 674-691.

[46] Lane P. R. and Milesi-Ferretti G. M. (2005). A Global Perspective on External Position. NBER Working Paper, No.11589.

[47] Mian A. R., and Sufi A. (2008). The Consequences of Mortgage Credit Expansion: Evidence from the U.S. Mortgage Default Crisis. NBER Working Paper, No.13936.

[48] Mokyr, J. (2014). Secular Stagnation? Not in Your Life. The World Economy, 83-89.

[49] Obstfeld M. and Rogoff K. (2005). Global Current Account Imbalances and Exchange Rate Adjustment. Brookings Papers on Economic Activity, 1, 67-123.

[50] Obstfeld M. and Rogoff K. S. (2006). The Unsustainable U.S. Current Account Position Revisited. Center for International and Development Economics Research, Working Paper No. 1063.

[51] Pagano, P. and Sbracia, M. (2014). The Secular Stagnation Hypothesis: A Review of the Debate and Some Insights. Bank of Italy Occasional Paper,

231.

[52] Reinhart C. and Rogoff K. S. (2008). Is The 2007 US Sub-Prime Financial Crisis So Different? An International Historical Comparison. NBER Working Paper, No. 13761.

[53] Rachel L. and Smith T. (2015): Secular Drivers of the Global Real Interest Rate. Bank of England Working Paper, No.571.

[54] Summers L.A. (2014a), U.S. Economic Prospects: Secular Stagnation, Hysteresis, and the Zero Lower Bound, Business Economics, 49(2), 65-73.

[55] Summers L.A. (2014b), Reflections on the New Secular Stagnation Hypothesis, in Teulings C. and Baldwin R. (eds.), Secular Stagnation: Facts, Causes and Cures. A VoxEU.org eBook, London: Centre for Economic Policy Research (CEPR).

[56] Summers L.A. (2015), Demand Side Secular Stagnation, American Economic Review: Papers and Proceedings, 105(5), 60-65.

[57] Summers L. H. (2018). Secular Stagnation and Macroeconomic Policy. IMF Economic Review, 66(2), 226-250.

[58] Thompson H. (2010). China and the Mortgaging of America: Economic Interdependence and Domestic Politics. Palgrave Macmillan UK.

[59] Thwaites G. (2015). Why Are Real Interest Rates So Low? Secular Stagnation and the Relative Price of Investment Goods. Bank of England, No. 564.

[60] Xing, Y. (2012). The People's Republic of China's High-Tech Exports: Myth and Reality. Asian Development Bank Working Paper, No.357.